学校弁護士

スクールロイヤーが見た教育現場

神内 聡

角川新書

はじめに

今、学校で起きていること

読者の方々は日本の教育について、どんなイメージを持っているだろうか。

将来の夢をかなえるために必要なことを学び、友達と語り合い、先生とふれあい、社会の多様性を知る。勉強以外にも部活動や学校行事で一生の思い出を作る。そんなポジティブなイメージの一方で、受験戦争、校則、いじめ、子どものストレス、教師の労働問題……と、もしかしたら、ネガティブなイメージのほうが多いのかもしれない。

そのイメージはある程度当たっている。

文部科学省（以下、文科省とする）の調査によれば、2018年度に学校で認知されたいじめの件数は54万件を超えている。これは前年度と比較しても10万件以上増加しており、10年前の08年度は10万件もなかったことを考えると「激増」している。同じく文科省の調査によれば、小中学校の不登校の児童生徒の数は16万人を超えており、前年度と比較しても2万人以上増えている。子どもがいじめに遭ったり、学校に行けなくなっている状況が悪化していることは、統計からも明らかである。

また、日本スポーツ振興センターの調査によれば、18年度に発生した治療費などが必要となった学校事故の件数は99万件を超えている。厚生労働省の調査によれば、18年度に発生した児童相談所での児童虐待相談対応件数は15万件を超えており、前年度より2万件以上も増えて過去最多を更新している。子どもの安全や生命がおびやかされているのだ。

経済的に見ても、厚生労働省の調査によれば、18年の子どもの相対的貧困率（等価可処分所得の中央値の半分未満の世帯の割合）は13・5％と、7・5人に1人の子どもが貧困であり、一人親世帯だと50％弱である。これは世界の先進国でも最低クラスであり、豊かなイメージの日本において貧困で苦しむ子どもたちが少なくないことがわかる。

さらに、文科省の調査によれば、18年度に精神疾患により休職した公立学校の先生の数は、5000人を超えており、その7割は勤続年数が3年未満の先生である。同じく文科省の調査によれば、16年度の公立小中学校の先生の1日当たりの平均学内勤務時間は11時間を超えている。教師の労働環境が非常に悪いことは、統計上にも示されている。

確かに、今の学校には様々な問題が山積みなのだ。

弁護士と教師

私はこれまで教師と弁護士の二つの立場から、今の教育問題を間近で見つめてきた。私は東京都の私立高校で勤務する社会科教師であり、一方で、いじめなどの子どもの権利が問題になる事件を専門的に扱う弁護士でもある。

私が教師になった理由は二つある。一つは社会科学の実験がしたかったからだ。自然科学と違って社会科学は実験することが難しい。自分の研究分野である教育法もそうである。「弁護士が教師になったら教育法的に○○なことが生じる」といった仮説を検証するには、自分が実験台になるのが一番手っ取り早い。それに、日本でも看護師免許を持った養護の先生がいるように、弁護士資格を持った社会科教師が、教師の専門性を高められるかどうかを試してみたかった。

もう一つの理由は苦労して取得した教員免許をどうにか活《い》かしたかったからだ。社会科教員免許は多くの学部で取得可能なので、簡単に取れるイメージを持っている人もいるかもしれないが、私がいた法学部ではものすごく難しかった。特に公民だけでなく地理歴史の免許まで取る場合、所属学部の授業だけでなく文学部や理学部の授業など、他学部も履修しなければならない。実際、私が卒業までに取得した単位数は２００単位を超えていたが、これは他の法学部の卒業生の平均取得単位数の倍以上である。私は専修免許も取得したが、こちらは大学院も修了しなければ取得できない。ここまで苦労して取得した教員免許を活かせないのはどうしても嫌だったからだ。

こうしたこともあって、私は教員免許を持ってない社会人に特別免許状を安易に与える文科省のやり方には相当疑問を持っているし、教育問題に取り組むのに教員免許も持ってない弁護士や教育評論家には、「そんなに教育に興味があるなら、なぜ教員免許くらい取得しないのか」と、どうしても懐疑的な気持ちを消すことができない。


私は現場を知らない弁護士でも評論家でも官僚でもない。弁護士とはいえ、クラス担任も部活動顧問も担当し、今の日本の教育の実情を最前線で見てきた教師の一人である。

最初に読者の方々に伝えておきたいことは、日本の教師は本当に素晴らしい仕事だということだ。事件が終わればその後、依頼者と会うことのないほうが多い弁護士と違い、教師は生徒が卒業して立派に成長した後も、一生にわたり人間として付き合うことができる。未来のある子どもたちから日々、様々な刺激を受けることができ、教え子が卒業しても困ったときは相談に乗り、時には教え子が自分を支えてくれることもある。こんな魅力のある仕事は他にないのではないだろうか。しかも、この魅力は日本の教師だからこそである。教えることだけが仕事の海外の教師と違い、学校での様々な活動を通じて子どもたちと長く接する日本の教育だからこそ得られる教師の醍醐味《だいごみ》なのである。

とはいえ、そんな日本の教育が今、様々な問題を抱えて疲弊し、社会問題になっている。中には、もはや教育だけでは解決できず、法律を用いて解決しなければならないものも現実に存在する。その解決の糸口として、現在、私のように学校と関わる弁護士が新たな職域として注目されている。「スクールロイヤー」と呼ばれる弁護士が、それである。

スクールロイヤーの登場

スクールロイヤーという言葉がいつ頃から広まったかは定かではない。文科省は2017年度予算の概算請求で「いじめ防止等対策のためのスクールロイヤー活用に関する調査研究」を提示し、初めて「スクールロイヤー」という言葉を用いた。

また、日本弁護士連合会は、18年に「『スクールロイヤー』の整備を求める意見書」を発表。「子どもの最善の利益を実現する」ために学校に助言する弁護士というスクールロイヤー像を提示した。学校現場で発生する様々な問題に対して、裁判になってからではなく、むしろトラブルが予測されそうな段階から、学校の相談相手としての立場で、「子どもの最善の利益」の観点から関わろうとするものだ。そして、教育や福祉、子どもの権利等の視点を取り入れながら継続的に助言する弁護士を「スクールロイヤー」と定義した。定義上は、保護者の利益を実現する代理人弁護士でもなく、顧問弁護士として学校の利益を実現する弁護士でもない、子どもの最善の利益を実現するための存在なのだ。

こうしたスクールロイヤーは、日弁連が18年に意見書を発表した時点では、導入していた自治体は大阪府や岐阜県可児市《かに》など、全国でも10を数えるほどだった。私もこうした黎明期《れいめいき》から、ある自治体のスクールロイヤーを担当し、18年にはNHKで放映された、学校に非常勤で勤務するスクールロイヤーを主人公とした番組『やけに弁の立つ弁護士が学校でほえる』で考証を担当した。

実のところ、スクールロイヤーには明確な定義は存在していない。前述の日弁連の定義も、あくまでも日弁連が理想とするスクールロイヤー像を示したにすぎず、そもそも文科省は定義を何も示していない。そのため、どんな弁護士がスクールロイヤーなのか、それ自体、百家争鳴状態なのだ。言い換えれば、スクールロイヤーとしての実態が存在しなくても、その弁護士が自称すればスクールロイヤーとしてふるまえるし、教育委員会専属として委任された弁護士にもかかわらず、スクールロイヤーと名乗っていない弁護士もいる。

そこで、本書では、代理人や法律顧問といった弁護士活動の実態にかかわらず、「顧問弁護士とは別に、弁護士資格を持つ人材として教育委員会や学校法人などと一定の継続的な関係を持っている者」をスクールロイヤーと理解している。これは、私が学術研究の対象としているスクールロイヤーの定義と同じである。もし、スクールロイヤーに代理人や法律顧問としての要素を必要条件にすれば、私のように教師として働く弁護士や、後述のように教育委員会などの職員として働く弁護士が、スクールロイヤーの定義に含まれなくなってしまうからだ。

私が調べたところによると、こうした理解に基づくスクールロイヤーは、2020年8月現在で、全国ですでに60を超える自治体で導入されている。これほど急速にスクールロイヤーが導入された背景には、文科省が前述の調査研究事業に基づいてスクールロイヤーを導入する自治体に予算補助を付けている点もあるが、学校現場が保護者からのクレームに悩み、教員の負担が深刻化している実情や、不適切ないじめ対応により子どもの人権が侵害されるといったいじめ事件などの不祥事が発生している現状も関係している。

現在導入されているスクールロイヤーは、①委任又は業務委託契約に基づくものと、②雇用契約又は公務員任用に基づくもの、の大きく二つに分類できる。さらに、前者は、主に相談者が弁護士の事務所で相談を受ける「事務所相談型」と、弁護士が学校を直接訪問して相談に応じる場合がある「学校訪問型」に、後者は、教育委員会や学校法人といった学校設置者の職員として弁護士が雇用・任用される「職員型」と、弁護士資格を持った教師が学校に採用され、法律相談などを担当する「教師型」に、それぞれ分類できる（図1参照。どのタイプもそれぞれ長所と短所がある）。また、事務所相談型にも、校長が直接弁護士に相談する「直接相談型」と、教育委員会を介して相談する「間接相談型」がある（校長としては教育委員会を通さずに弁護士に相談できる「直接相談型」のほうが利用しやすい）。

このうち、圧倒的に多いのは「事務所相談型」で、かつ「間接相談型」だが、近年は「職員型」が急増している。職員型は民間企業でいうところの企業内弁護士（社内弁護士）であり、いわゆるインハウスのスクールロイヤーである。教師型は現在のところ私だけだが、次章で述べるように、実際はスクールロイヤーというよりは弁護士資格を持った教員（リーガルティーチャー）である。

スクールロイヤーを導入した自治体には、直前にいじめ事件などの何らかの不祥事が発生していた場合も少なくない。また、弁護士業界もスクールロイヤーの導入に積極的であり、各地域の弁護士会が自治体と連携して導入を目指す動きが活発だが、この背景にはスクールロイヤーを新たな経済的利益として捉《とら》えている現実もあろう。

どこか救世主的な期待感を持たれているスクールロイヤーだが、社会の高い期待にきちんと応《こた》えられるのだろうか。現状では、スクールロイヤーの数少ない先行事例の効果さえ何ら検証されないまま導入されており、「スクールロイヤーはかくあるべき」といった議論ばかりが先行している。そこで「実際のところ、どうなの？」といったリアルな実情を、私自身

委任・業務委託型 （弁護士の独立性が強い） （弁護士以外の立場で活動できない）		雇用・任用型 （弁護士の独立性が弱い） （弁護士以外の立場でも活動できる）	
事務所相談型	学校訪問型	職員型	教師型
弁護士の負担が少ない 現場の事情がわかりにくい	現場の事情がわかる 弁護士の負担が大きい	現場の事情がわかる 「学校側の弁護士」に映りやすい	教育活動に参画できる 弁護士としてリスクが高い

図1　スクールロイヤーの分類

の過酷なスクールロイヤーとしての実体験を交えて紹介していきたいと考えている。

世界と比べた日本の教育

本書はスクールロイヤー、そして教師の視点から、今の日本の教育が抱える様々な問題と、これからの日本の教育の在り方を読者の方々とともに考えるものだ。本題に入る前に、前述のような子どもたちにとっても教師にとっても過酷な状況下で行われている、日本の教育の効果についても少し言及しておきたい。

ＯＥＣＤ（経済協力開発機構）が実施している児童生徒の学習到達度調査（ＰＩＳＡ）の２０１８年の調査結果によると、日本の子どもは参加国77カ国中、読解力が15位、数学的リテラシーが6位、科学的リテラシーが5位であり、ＯＥＣＤ加盟国37カ国に限ってみれば、読解力が11位、数学的リテラシーが1位、科学的リテラシーが2位である（図2）。読解力はやや劣るものの、日本の子どもの全体的な学習到達度は世界的にもトップクラスであり、特に理数系の学力は極めて高いことがわかる。

また、よく日本の教育は詰め込み式で独創的な発想を育《はぐく》む視点に欠けている、というイメージが持たれるが、独創性が何よりも必要であるノーベル賞の授賞者を見ると、日本のノーベル賞受賞者数は25人であり、この数はアジアでは断トツの1位である。しかも、21世紀だけでみれば、日本の自然科学系のノーベル賞受賞者数はアメリカに次いで2位だ。

統計だけを見れば、日本の教育は効果がないとは言い難く、むしろ世界的に見ても非常に高い教育効果があるとも評価し得る。もっとも、多くの科学者が今後の日本の教育の将来性を悲観的に分析しているように、日本の教育の未来はどうやら明るくはないようだ。

では、子どもたちや教師に過酷な負担を強いる中で、世界と比べても一定の効果を出してきた日本の教育に、どんな問題があるのだろうか。

私は20年4月から、教職大学院の教員として日本の教育を研究する立場になった。もちろん、弁護士業も社会科教師も続けているが、今度は教師と弁護士の立場だけでなく、研究者として日本の教育の「今」を客観的・科学的に考察する立場にもなった。スクールロイヤーに関しても、実践するだけでなく、研究対象とする役割も担うことになる。

私は今の日本の教育にとって最も大切なことは、研究者が科学的な視点から考察した研究

	読解力	平均得点	数学的リテラシー	平均得点	科学的リテラシー	平均得点
1	北京・上海・江蘇・浙江	555	北京・上海・江蘇・浙江	591	北京・上海・江蘇・浙江	590
2	シンガポール	549	シンガポール	569	シンガポール	551
3	マカオ	525	マカオ	558	マカオ	544
4	香港	524	香港	551	エストニア	530
5	エストニア	523	台湾	531	日本	529
6	カナダ	520	日本	527	フィンランド	522
7	フィンランド	520	韓国	526	韓国	519
8	アイルランド	518	エストニア	523	カナダ	518
9	韓国	514	オランダ	519	香港	517
10	ポーランド	512	ポーランド	516	台湾	516
11	スウェーデン	506	スイス	515	ポーランド	511
12	ニュージーランド	506	カナダ	512	ニュージーランド	508
13	アメリカ	505	デンマーク	509	スロベニア	507
14	イギリス	504	スロベニア	509	イギリス	505
15	日本	504	ベルギー	508	オランダ	503
16	オーストラリア	503	フィンランド	507	ドイツ	503
17	台湾	503	スウェーデン	502	オーストラリア	503
18	デンマーク	501	イギリス	502	アメリカ	502
19	ノルウェー	499	ノルウェー	501	スウェーデン	499
20	ドイツ	498	ドイツ	500	ベルギー	499

（点線枠）は日本の平均得点と統計的な有意差がない国

（灰色）は非OECD加盟国・地域を表す

図2　OECD実施の学習到達度調査
（出典　https://www.nier.go.jp/kokusai/pisa/pdf/2018/01_point.pdf）

の成果を、実際の教育現場に反映させていくことだと考えている。

学校教育はほとんど誰もが経験していることから、教育問題は自分の経験に基づいて評論できる、数少ないテーマである。実際に、書店に並んでいる教育問題の本は、その大半が教師ではなく、教育評論家や他の分野の著名人が書いたものだ。そのため、多くの教師にとっては「口先ばかりで現場を知らない人間が書いた本」だという印象を拭《ぬぐ》えないだろうし、実践したことがない教育論を示されても説得力に欠けると言われても仕方がない。弁護士が書いた教育問題の本も同様である。だからこそ、個人的な経験から離れた科学的な視点から教育を見据える研究者の姿勢と、現場でのリアルな経験の二つが大切なのだと私は考えている。

私が提示することもまた、どこまで学校現場の現実をリアルに示せるかどうかはわからない。ただ、私自身は日本で初めての弁護士資格を持った教師として学校現場で勤務する中で、今の日本の教育が抱える様々な問題を目の当たりにしてきた。その中には、教師として二度と体験したくない辛《つら》く過酷なこともあったが、教師という仕事が他のどんな仕事よりも魅力的で素晴らしいものであることを子どもたちや同僚の先生たちから教えてもらったことがほとんどだった。

また、文中では、現状の法制度の改正を度々読者の方々に呼び掛けている。意外かもしれないが、弁護士法1条が掲げる弁護士の使命は「法律を遵守すること」ではなく、「法律制度の改善に努力すること」なのだ。もし、法律自体が子どもたちを苦しめていたり、教師の仕事に合っていないならば、スクールロイヤーは使命として法律を改正していかなければならない。

本書ではそんな私の実体験とスクールロイヤーという弁護士の視点から、今の日本の教育問題を紹介するとともに、読者の方々と一緒にこれからの教育について議論していけたらと考えている。

学校弁護士　スクールロイヤーが見た教育現場　目次

第九章 学校事故——子どもと教師を守るために

（注）本書内で記したケースでの事例、および人名は例として示したものであり、実際の事象とは一切関係ありません。

図版作成　フロマージュ　／　DTP　オノ・エーワン

第一章　スクールロイヤーは救世主か

学校現場の「今」を知らない弁護士たち

「あなたたち弁護士は、学校のことが何もわかっていないように思います」

この言葉は私がある公立小学校の調査に訪れた際に、私と、一緒に来校していた弁護士らに対して、その学校の先生が投げかけた言葉である。私はこの言葉を弁護士と教師、もっといえば法律と教育の相互理解が極めて難しいことを象徴する言葉として、「スクールロイヤー」という仕事をする際に常に頭に焼き付けている。

この言葉は、スクールロイヤーに限らず「現場」という存在を常に意識しなければならないことを、私たち弁護士に教えてくれている。考えてみたら、日本の弁護士は確かに「現場感覚」に乏しい。なぜなら大半の弁護士は現場で働いた経験がないからだ。

経営者になったことがない企業法務専門の弁護士。

銀行員になったことがない金融法務専門の弁護士。

会社員になったことがない労働法専門の弁護士。

公務員になったことがない行政法専門の弁護士。

医療現場で働いたことがない医療訴訟専門の弁護士。

そして、学校現場で働いたことがないスクールロイヤー。

「○○に詳しい弁護士」といっても、日本の弁護士の大半は○○の現場を経験したことがない。しかも多くは「法学部卒」の肩書しかない。大学で多様な学位が取得しやすい欧米では法律学しか学んだことがない弁護士はむしろ少数派だ。それと比べて日本の弁護士のバックグラウンドは「司法試験」と「司法修習」の二つに濃縮され、極端に画一化されている。

ただ、最近は法科大学院制度が導入されたことで、この状況に少しずつ変化が生じている。現場経験のある人が法曹資格を取得し、様々な分野で新しい職域が開拓されつつある。

その一つが企業や自治体などで勤務する「組織内弁護士」である。組織内弁護士は増加傾向にあり、組織の一員として法律知識と現場経験の両方を活用し、独自の職域を確立しつつある。

では学校はどうだろうか。学校は弁護士がほとんど関わってこなかった領域と思われがちだが、実際にはこれまでも学校では様々な法律問題が発生し、訴訟にまではならなくとも、弁護士が関わることはたくさんあった。にもかかわらず、なぜ本章冒頭で紹介したように、

「弁護士は学校現場を知らない」と教師は思うのだろうか。

私はその理由は二つあると考えている。

一つは、弁護士という仕事の特性上、一方の当事者の立場でしか物事を考察できないという点である。弁護士は基本的に依頼者の立場を代弁する仕事なので、学校問題に関わる際には、子どもや保護者の代理人として学校を訴える立場か、学校設置者から依頼されて顧問弁護士となる立場かの、どちらか一方でしか関われない。また、弁護士は依頼者の利益に反する「利益相反行為の禁止」と厳格な「守秘義務」のルールがあるので、弁護士にとっても一方の当事者の立場から仕事をするほうが圧倒的にリスクが少ない。

しかし、ほとんどの法律問題がそうであるように、法的な争点は一方の当事者の立場から理解できても、問題の背景にある「現場の事情」は見えてこない。特に、学校の法律問題では子どもや保護者、および学校設置者や校長の言い分は、それぞれの弁護士によって代弁されることが多いが、現場の教師の言い分は誰も代弁してくれない。現場の教師からすれば「蚊帳《かや》の外」であり、弁護士が何も現場の実情を理解しようとしていないように感じられてしまうのだろう。

もう一つの理由は、弁護士が「今」の学校現場の実情を理解していないか、理解しようとしていない点である。実は、子どもの権利や学校問題に関わる弁護士は、多かれ少なかれ

「教育」に対する興味関心が高く、同時に教育に関するそれなりの知識を持っていると自覚している人間が多い。しかし、この点が教育特有の問題ともいえる。

学校教育はほぼすべての人が経験している。そのため、教育は誰もが素人的意見を持てるし、誰もが評論家になれる数少ない領域なのだ。このことは弁護士も例外ではなく、自身の学校体験に基づいて教育紛争に関わろうとするため、法的主張が自身の体験した「過去」の学校現場のイメージに基づいており、「今」の実情とはかけ離れてしまう。こうした主張が現場の教師にとって「弁護士は学校現場を知らない」と感じる元凶になっていることは否定できない。

しかも、弁護士が厄介なのは専門職としてのプライドがもたらす傲慢《ごうまん》さである。スクールロイヤーという職域が認識されるようになった今でも、謙虚に「今」の学校現場に対する理解が不足している点を自覚し、理解に努めようとする弁護士はまだまだ少ない。むしろ、弁護士自身が「過去」に経験した学校現場のイメージを「法律」というツールを用いて「今」の学校現場に押し付けようとするリスクのほうがずっと大きいように思える。

「誰かの代理人」として適法／違法を判断する役割ではない

スクールロイヤーという仕事の大前提として、こうした「現場を知らない」と思われるような弁護士の在り方を根本から見直す必要がある。それは「誰かの代理人」という視点でのみ、学校現場に関わるという在り方だ。

「はじめに」で紹介したように、スクールロイヤーは保護者でも学校設置者のいずれの利益でもなく、「子どもの最善の利益」を実現する立場から教育紛争に関わらなければならない。日弁連自体がそう定義している。一方の当事者の視点だけでなく、より全体を俯瞰《ふかん》する立場から、教育紛争の背景にある「子どもの最善の利益」を意識しなければならないのだ。

例えば、「いじめ」の事件に関わる弁護士は、これまで三つの当事者の利益さえ考えておけばよかった。被害者側の弁護士は被害者の利益、加害者側の弁護士は加害者の利益、学校設置者の弁護士は学校設置者の利益を、それぞれ考えれば弁護士としての役割は十分だった。そもそも、弁護士は依頼者の利益を実現するために雇われる仕事であるからだ。

しかし、いじめの利害関係はそれだけではない。なぜなら、被害者と加害者の双方当事者ではなくとも共に集団生活を送っている子どもたちがたくさんいるからだ。スクールロイヤーは「子どもの最善の利益」を実現する弁護士である以上、どちらか一方の当事者の利益だけを最大化するわけにはいかない。その結果として、周囲の子どもたちが傷つくようなことがあれば、それはスクールロイヤーとしては仕事を十分に果たしたとは言えない。

スクールロイヤーの立場は、従来の弁護士の教育紛争への関わり方からすれば、極めて教師の立場に近い。なぜなら、教師もまた、全体を俯瞰する立場から当事者の利害関係を調整していかなければならないからである。教師の立場からすれば、いじめの被害者も加害者も同じ児童生徒には違いない。たとえ被害者の言い分がすべて正しい場合であっても、加害者を全否定することは難しい。

また、スクールロイヤーは、教師が子どものために働いているという現実を無視するわけにはいかない。教師の仕事は、製造業のように同じ製品を大量生産する仕事でもなければ、純粋なサービス業のように現物のない取引に従事する仕事でもない。一人一人の個性や人格に応じて、子どもたちを一人の人間として育てていく仕事だ。子どもたちにとって、学校は一生に一度しか経験しない。その学校が幸せな時間になるように働くのが教師であり、スクールロイヤーにも必要な視点である。

スクールロイヤーは自身の学校教育の体験や「過去」のイメージを捨象し、「今」の学校現場の実情を的確に理解した上で、客観的に俯瞰することも必要だ。単に「適法」「違法」だけを判断するのではなく、今の学校現場の実情を見据えた現実的な「対案」を示さなければならない。従来であれば、一方の当事者の立場から依頼者の利益を主張すればよかったかもしれない。端的に言えば、依頼者に対して「適法」か「違法」かを判断しさえすればよかった。

しかし、それでは教師から「弁護士は現場をわかっていない」と言われるだけだ。そもそも、一人一人の異なる個性と人格を「能力に応じて」扱う「教育」と、異なる個性と人格を画一的かつ法の下に「等しく」扱う「法律」は、本質的に相容《あいい》れないものである。

教師の仕事は、能力が異なる子どもたちを等しく扱うことではない。教育は「平等（equality）」ではなく、能力や個性の違いに応じて「公正（fairness）」に子どもたちへ提供するものだ。例えば、能力も個性も違う同じ年齢の子どもたちを強制的に同じ学年に所属させて同じ教育を受けさせれば、確かに法律が要求する教育の機会の「平等」は達成できるかもしれない。しかし、能力の高い子どもが能力の低い子どもと同じ教育を受けることは、本当に「公正」なのだろうか。日本以外の多くの国で存在する飛び級や留年の制度は、ある意味では教育の公正を図る制度でもあるのだ。そして、子どもだけでなく、教師の仕事もまた、教師自身の能力や個性の違いに大きく左右される。このことを理解せずに、従来の弁護士と同じように「適法」「違法」を判断し、教師にとって非現実的な対案を示すのであれば、スクールロイヤーを導入する意味はないだろう。

スクールロイヤーに必要な資質は、一方の当事者の立場から利害関係を考えることでも、教育現場に法律論を押し付けることでもない。「子どもの最善の利益」を実現するために全体的な立場から利害関係を客観的に俯瞰し、今の学校現場の実情を的確に理解して現実的な対案を示せるかどうかである。このことは同時に、「利益相反行為の禁止」や厳格な「守秘義務」を求められる弁護士にとって、スクールロイヤーが、従来の教育紛争に関わる弁護士とは比較にならないほどのリスクと向き合わなければならないことを示している。

教師の経験をスクールロイヤーに生かす

私はおそらく日本で初めて、弁護士と教師の兼業を実践した人間である。しかし、実のところ、私が勤務する学校ではあくまでも「弁護士資格を持った教師」であり、言うなれば、スクールロイヤーではなく「リーガルティーチャー」である。学校の顧問弁護士でもなく、学校法人には別に顧問弁護士が存在する。校長や同僚の先生たちも私のことを同じ職員室で勤務する同僚の教師として扱うし、生徒も弁護士とは意識していない。私自身もまた、学校でいる時間は弁護士なのを忘れていることすらある。担当科目も社会科（世界史と現代社会）であり、高校には法律学の科目はないので、弁護士でなければできない授業内容はほとんどない。

しかし、リーガルティーチャー（弁護士資格を持った教師）には、一般の弁護士では決してできない経験が多くある。それが、前述したスクールロイヤーに必要な資質を鍛える経験だ。弁護士が教師として働くことで、当たり前のことだが、教師の目線を持つことができる。

弁護士の立場では被害者、加害者、学校設置者といった、いずれか一方の当事者の目線でしか見ることのできなかった教育紛争の事実について、教師を経験することで紛争の背後にある、多様な子どもたちの利益の存在を見ることができるのだ。それは、「子どもの最善の利益」を実現しなければならないスクールロイヤーにとって、とても大切な視点である。

法律を勉強した人間が教師になると、教師のコンプライアンス意識の低さを目の当たりにすることがあるだろう。一方で私は、法律もまた、教育とは相容れない非現実的なルールを教師に押し付けていることを認識できた。

弁護士が教師として働けば、スクールロイヤーが今後必ず議論していかなければならないリスクにも直面する。もし生徒からのいじめや体罰の相談、同僚の先生から労働問題の相談などを直接された場合、利害関係が明確に判断できないなら、「利益相反禁止」のルールに抵触する可能性がある。また、相談を受けた内容が学校で共有すべき場合であっても、それを共有することは弁護士としての「守秘義務」に違反する可能性もある。

私はリーガルティーチャー（弁護士資格を持った教師）としての活動と並行して、様々な教育委員会や学校法人などの学校設置者の「スクールロイヤー」としても活動している。それは、教師をしているからこそ認識した「子どもの最善の利益」を実現するための弁護士の必要性を、スクールロイヤーとしての実践で示したいからだ。

「はじめに」で記したように、現在のスクールロイヤーは、事務所相談型、学校訪問型、職員型、教師型の四つのタイプに分類できる。前二者は委任又は業務委託なので、弁護士が依頼者から指揮監督を受けずに独立性を保てる代わりに、弁護士以外の立場でケースに関わることが難しい。一方、後二者は雇用又は任用されている立場であり、弁護士が使用者の指揮監督を受けるので独立性は弱いが、それぞれ「職員」「教師」の立場でもケースに関わることができる。私はそれぞれのタイプの長所と短所を踏まえながら、独自のスクールロイヤーの活動を実践している。その一つができるだけ子ども本人に直接会ってみることだ。

現状のスクールロイヤーのほとんどは「子どもの最善の利益」を実現する弁護士であるにもかかわらず、子ども本人には直接会わない。日弁連の示すスクールロイヤーも、子ども本人に会うことになぜか消極的である。しかし、教師をしてみるとわかるが、子ども本人に会わずして「子どもの最善の利益」を適切に判断することはほとんど不可能である。そのため、私はスクールロイヤーとして子ども本人に積極的に会っており、他の先生と一緒にいじめの被害者にも加害者にも会って話を聞くし、スクールソーシャルワーカーと一緒に家庭訪問して本人に会うこともある。

「弁護士は学校のことをわかっていない」という現場の教師の批判を受け止めながら、スクールロイヤーがいじめや虐待などに対する「救世主」としての期待に応《こた》えるためには、これまでのような一方の当事者だけの代弁者という立場を離れ、今の教育現場の実情を理解した弁護士が必要なのだ。仮に、こうした弁護士ならば教育現場での経験は必要ない。実際に、少数ではあるが、教師の経験がなくともスクールロイヤーとして優れた資質を持った弁護士も存在する。

しかし、私はスクールロイヤーになる弁護士には、できれば週一日でもよいので、学校で勤務してほしいと願っている。弁護士自身の学校教育の経験から離れて、今の教育現場の実情を手っ取り早く、かつ確実に理解するためには、それが最適な方法だからだ。

実際の学校現場に行けば、「スクールロイヤーは救世主」といった綺麗事《きれいごと》で済まされない過酷な現実を目の当たりにすることになる。スクールロイヤーが学校現場に接近する必要性と、接近することによって大きくなるリスク、そのジレンマを体感することで、リアルなスクールロイヤーの実態についての議論が活性化していくだろう。

次章からは具体的な事例を交えながら、学校現場の問題と、スクールロイヤーの可能性を紹介していきたい。

第二章　いじめ——予防は困難だが適切な解決の助言役に

そのいじめ対応、法律的に正しいですか？

まずは今最も社会の関心の高いいじめの問題から考えてみよう。スクールロイヤーはいじめをなくすことができるのだろうか。次の事例から考えてみよう。

【ケース　1】
高校生のシンタは同じクラスのサユリに対し、「好きなので付き合ってほしい」と告白したが、サユリはシンタのことが好きではなかったのですぐに断った。これに傷ついたシンタは次の日から学校に来られなくなってしまった。

この場合、読者の方がシンタとサユリの担任の教師だったとして、次のどれが「法律的」には正しい対応だと考えるだろうか。

①思春期にある恋愛関係のもつれであり、時間が解決するのでしばらくそっとする。
②シンタの家庭に連絡し、人生にはいろいろあるとシンタに諭す。
③シンタとサユリの両方に対して事情を聞いてみるが、他の教師に相談や報告することでもないので担任だけで対処する。

一般的な感覚だと、①か②を選ぶ人が多いだろう。あるいは、担任としてはシンタが学校に来られないほど傷ついている点は気になるので、もう少し本人たちから事情を聞いてみようと③を選ぶ人もいるかもしれないが、他の教師と情報を共有するまではしないだろう。

しかし、法律的な正解は、「①②③、どれも法律的には間違った対応」である。スクールロイヤーなら次のように法律的に正しい対応を教師に助言しなければならない。


シンタは法律的には「いじめ」の被害者であり、サユリは加害者である。そのため、シンタとサユリから事実を確認した上で、シンタには支援を、サユリには指導をしなければならない。もっとも、いじめという言葉を用いずに支援や指導をすることもできる。

ただし、法律的には「いじめ」なので、学校に設置されている「いじめ防止対策委員会」に報告し、情報を共有しなければならない。

しかし、これは読者の方にとっては非常に違和感のある助言ではないだろうか。すでに述べたが、文科省はスクールロイヤーをいじめの予防や適切な解決のために導入した経緯がある。つまり、スクールロイヤーの大きな役割は、「いじめを予防するための教育に関わること」と、「いじめを適切に解決するために関わること」だ。しかし、法律的に正しい対応がこれだとすれば、スクールロイヤーはいじめ問題に関して、常識的にあり得ないような対応を教師に助言するために導入される、ということになってしまう。

このようなスクールロイヤーが、いじめの予防や解決で適切に機能するのかといえば難しいことは一目瞭然《りょうぜん》だろう。

読者の方には、いじめ解決の切り札としてスクールロイヤーに期待して、本書を手に取ってくれた方も多いと思う。いきなりがっかりさせてしまうかもしれないが、現状では非常に難しいと言わざるを得ない。なぜならスクールロイヤーがいじめを解決するには、前提として、いじめの解決のために適切な法律が制定され、文科省の示すいじめ対策が教育現場で適切に機能し得るものでなければならないからだ。スクールロイヤーは、法律に基づいた助言をする専門家だからである。

しかし実際には、教育現場でまともに働いた経験がない政治家や法律家、文科省の官僚が、法律を制定しいじめ対策を講じている。その結果の一つがこの事例だ。

もっとも、私はスクールロイヤーとして、教師としていじめを傍観しているわけでも解決をあきらめているわけでもない。本章では日本のいじめ問題がなぜ解決しないのか、どうしたら解決するのか、という問題を考えていきたい。

法律で定められた「いじめ」

いじめ問題を語る上では、2013年に制定された「いじめ防止対策推進法」の存在が欠かせない。この法律は、いじめに適切に対応し、解決するために制定された。

この法律の最大の特徴は、法律で「いじめ」とは何かを定義したことだ。同法の制定前もいじめは裁判上で定義づけがされていたものの、教育現場には浸透しておらず、法的な「いじめとは何か」が一義的ではなかった。そのため、被害者がいじめだと感じていても加害者はそう感じていなかったり、子ども同士はいじめだと感じていても教師はそう感じていなかった、など、様々なケースでどのような場合が法的ないじめなのかを判断するのが困難な状況にあった。そこで同法2条では、「いじめ」を次のように定義している。

児童等に対して、当該児童等が在籍する学校に在籍している等当該児童等と一定の人的関係にある他の児童等が行う心理的又は物理的な影響を与える行為（インターネットを通じて行われるものを含む。）であって、当該行為の対象となった児童等が心身の苦痛を感じているもの。

長くて非常にわかりづらいが、端的に言えば、被害者が「心身の苦痛を感じる」行為であればすべて同法の「いじめ」に該当し得るということである。そして、この定義に基づき、児童生徒から心身の苦痛を感じた事実の相談を受けた場合は、教員はその事実の有無を確認して学校内に設置が義務付けられているいじめ対策組織に報告し、さらに学校は設置者（教育委員会・学校法人など）に報告しなければならない。また、いじめの被害者への支援と加害者への指導を行い、保護者と情報共有しなければならない。

つまり、ケース1では、サユリはシンタの告白を断っただけに過ぎないのだが、シンタは心身の苦痛を感じているので、担任教師は学校のいじめ対策組織に報告し、学校は教育委員会まで報告しなければならない。そして、教師はサユリが法律上はいじめの加害者なので、指導しなければならない。なお、学校内のいじめ対策組織とは、いじめ防止対策推進法で、すべての学校に設置が義務付けられている組織である。

読者の方々からすれば、およそあり得ないことが法律に書かれてあると感じるだろうし、私もそう思う。サユリは一般的には何も悪いことはしていない。ただシンタの意思に反して告白を断っただけである。しかし法律上はいじめの加害者として指導される。しかも、教師としてはどのようにサユリを指導すればよいのか。サユリに「もっと上手に告白を断りなさい」とでも言えばいいのだろうか。

なぜ、このような常軌を逸した対応をしなければならないかと言うと、いじめ防止対策推進法の「いじめ」の定義に問題があるからだ。この定義は、誰しもが「これではいじめに該当する行為の範囲が広すぎるのではないか」と疑問を持つのではないだろうか。実際に図3を見ればわかるが、この法律が制定された13年以降いじめの認知件数は急増しているのだ。

一方で、ある意味では実務上は有意義だとも考えている。なぜなら、教師がいじめであるかどうかを解釈し、判断する必要がないほど一義的でわかりやすい定義だからだ。教師からすれば、被害者が心身の苦痛を感じていると主張しているならば、加害者の言い分はどうあれ、いじめとして扱えばよい。要は、教師は被害者の言い分を聞けばよく、加害者の言い分を聞いた上で、「これはいじめである」「いじめではない」と、裁判官のように裁定する必要がないのだ。

とはいえ、被害者の主観のみで、誰でもいじめの加害者になってしまうという点は、子ど

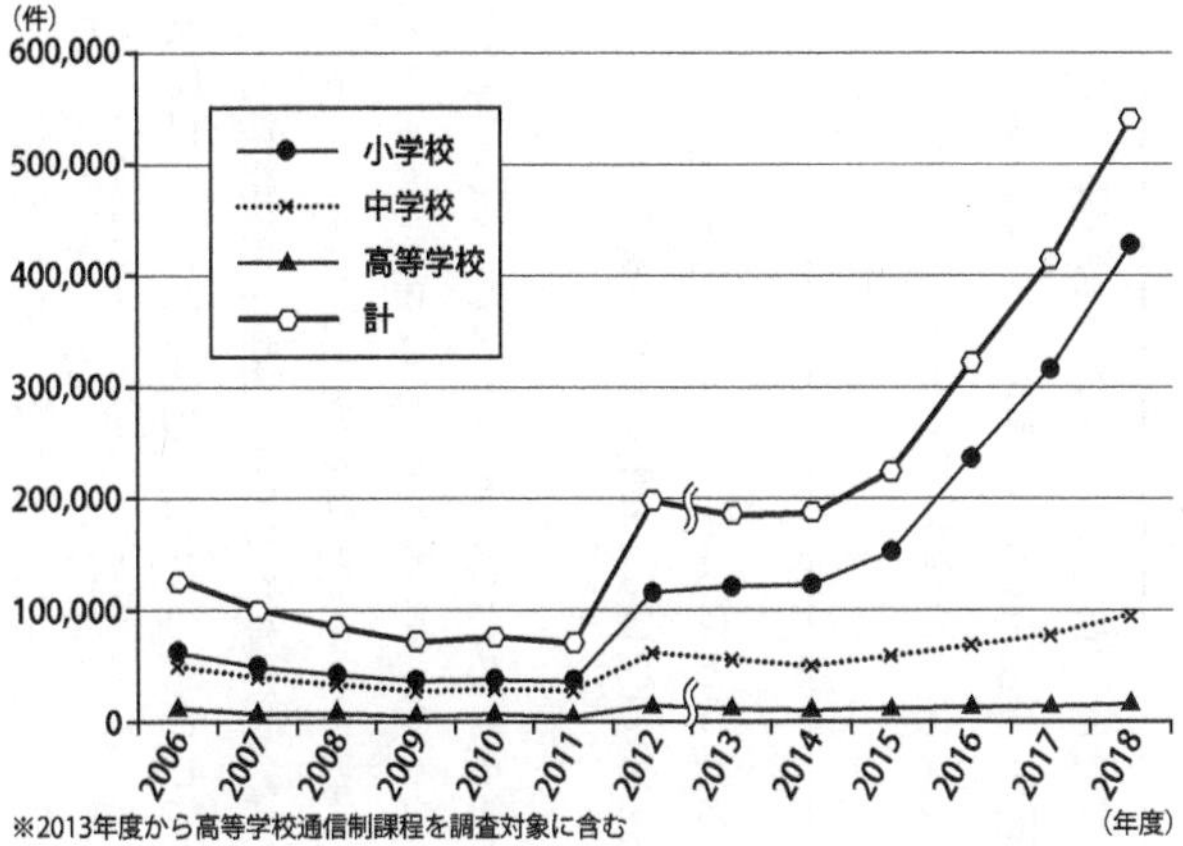

図3　いじめ認知件数の推移（2013年度から高等学校通信制課程を調査対象に含めているため、グラフが中断している）
（出典　https://www.mext.go.jp/kaigisiryo/content/000021332.pdf）

もたちにとっても、保護者にとっても大変なリスクになり得る。ケース1はまさにそうだ。このケースは、教育と法律が本質的に相容《あいい》れないことを理解せずに杓子《しゃくし》定規に法律を適用すると、かえって子どもたちが苦しむことを示す典型例といえる。

今の教育現場では、このいじめ防止対策推進法とそのガイドラインが絶大な影響力を持っている。この定義を限定的に解釈して、常識的ないじめの定義にしようとする考え方もあるが、文科省は一貫してこの法律の文言どおりに運用する姿勢を崩していない。

同省は、いじめ防止対策推進法の運用に関して、ガイドラインも策定している。

「いじめの防止等のための基本的な方針」というもので、2017年にこれを改定している。改定に際しては、たとえ些細《ささい》なことであっても、被害者が心身の苦痛を感じたのであれば、教師はすべて同法の「いじめ」として扱い、学校に設置することが義務付けられているいじめ対策組織に報告しなければならないことを強調して明記している（ただし改定の際には、「いじめ」という言葉を使わずとも児童生徒に対応できる場合は、「いじめ」という言葉を使わなくともよいと変更された）。そのため、ケース1の場合でも、教師はサユリに対して指導せずに放置するということも、いじめ対策組織に報告しないことも法的には許されないのだ。

いじめの被害者と加害者は区別できるのか

では、次のようなケースはどうだろうか。

> 【ケース 2】
> 中学生ナオキが「リュウタ・ケンジからいじめられた」と担任に申告した。担任がリュウタとケンジを呼び出して事情を聞いたところ、「先にナオキがリュウタに対してひどいことを言ったから言い返しただけであり、自分たちのほうが被害者である」と答えた。

担任としてはまずナオキの申告に基づいて、リュウタ・ケンジを加害者として指導しようと思ったところ、実はある時点までは被害者と加害者が逆だったというケースである。そこで、担任はリュウタの言い分についてナオキに確認し、リュウタの言うとおりならナオキを加害者として指導することになる。強いて言えば、リュウタとケンジがともにナオキに言い返しているなら、「一対多」の関係でリュウタとケンジへの指導をやや強めにする必要はあるかもしれない。しかし、ケンジが「自分は見ていただけでリュウタと一緒にナオキをいじめていない」と反論すれば、またややこしいことになる。いずれにしても、担任としてはナオキ・リュウタ・ケンジの各保護者に対しても、納得のいく指導を見せなければならない。

いじめ防止対策推進法には、被害者と加害者の単純な二項対立的な構図しか用意されていない。ところが、実際の教育現場では、このケースのように、被害者がある時点では加害者だったりすることも珍しくない。また、ケンジのように、「傍観者」と呼ばれる子どもも存在する。子どもに限らず、大人であっても人間関係が複雑に変化することはよくあるにもかかわらず、いじめ防止対策推進法はなぜ単純な二項対立的構図だけなのだろうか。

いじめ防止対策推進法は、一人として同じ人間はいない人格と個性を扱う教育という営みを、画一的かつ平等に扱う法律によって律することの不条理さを物語る法律であり、本書で私が強くお伝えしたい「教育と法の衝突」を考える上では、格好のテーマでもあると思う。

虐待親が「いじめ」を理由に学校を訴えたら

いじめ防止対策推進法が教師や子どもに与えるリスクはこれだけではない。教育現場にとって最も重大なリスクを抱えているのが「重大事態」の規定である。

いじめ防止対策推進法28条には、次のようにある。

①いじめにより当該学校に在籍する児童等の生命、心身又は財産に重大な被害が生じた疑いがあると認めるとき。

②いじめにより当該学校に在籍する児童等が相当の期間学校を欠席することを余儀なくされている疑いがあると認めるとき。

このようなときには、学校設置者（教育委員会など）は学校の下に組織を設けて、調査を行うことを義務付けている。調査は、質問票（アンケート）など適切な方法によって行い、事実関係を明確にしなくてはならない。①または②がいわゆる「重大事態」と呼ばれるものだ。また、この際に設置される調査組織には、通常、学校の教員以外の「第三者」と呼ばれる人材が含まれるため、当該組織は一般的に「いじめの重大事態の調査に関する第三者委員会」と称されることが多い。

同法が制定されて以来、重大事態として多くの調査がなされており、なかには当初の学校の調査がずさんで発見できなかった事実や、学校が隠ぺいしていた重要な事実が、第三者委員会の調査によって明らかになるなど、一定の効果が認められる事例もある。

しかし私は、この重大事態に関する規定が、いじめ防止対策推進法における最大の問題点だと考えている。なぜなら、ガイドラインでは子ども本人からの申立てならともかく、保護者だけからの申立てさえあれば、たとえ学校は重大事態ではないと考えていても、重大事態が発生したものとして調査しなければならないと規定しているからだ。

特にこの解釈が問題になると私が考えるのは、前記の②の場合だ。子どもがいじめ以外の原因、例えば家庭環境や精神疾患などで長期欠席している場合に、子ども本人からの申立てがなかったとしても、保護者が「子どもの欠席の原因はいじめである」と申し立てれば、学校は重大事態として扱い、第三者を含めた組織を設けて調査しなければならない。

このようなガイドラインの解釈は、とりわけ虐待をする親によって悪用されるリスクが高い。たとえば、次のようなケースがそうである。

【ケース　3】
小学校に通う児童ヒカルは普段から学校を欠席しがちであり、二学期以降一か月以上欠席が続いている。担任のサトウ先生はヒカルのことを気にして同じクラスの児童数人にヒアリングしたが、いじめに関する事実は確認できなかった。また、サトウ先生はヒカルの家庭に何度も電話したが、ヒカルの保護者は電話に応じなかった。ヒカルの保護者は共働きで多忙であり、ヒカルはいつも一人でいることが多いという話も耳に入っていたため、学校はスクールソーシャルワーカーに依頼して家庭訪問を行うことや、福祉行政部署に連絡することを検討した。ところが、その矢先にヒカルの保護者から学校に連絡があり、「うちの子どもは同じクラスの児童にいじめられて学校に行けなくなっている。早急に調査して対応してほしい」という申立てがあった。

このケースでは、ヒカルの不登校の原因はいじめよりも家庭環境にある可能性が高い。にもかかわらず、いじめ防止対策推進法のガイドラインの解釈にしたがえば、学校は第三者を含む調査委員会を設置して調査を始めなければならない。調査をしないまま重大事態ではないと断言できないからだ。

2019年1月に発生した千葉県野田《のだ》市小学生女児虐待死事件においても、虐待が発覚する以前から女児は学校を欠席しがちだった。このような状態で仮に学校が欠席の原因を父親に相談し、虐待していた父親が学校に対して、「うちの娘は学校でいじめられて欠席している」と申し立てた場合には、学校は虐待事案ではなくいじめの「重大事態」事案として調査委員会を設置しなければならないことになっていた。

実際に、保護者が子どもへの虐待を隠ぺいする目的で、長期欠席の原因をいじめであると学校に申し立て、学校が（虚偽の）「重大事態」として対応しなければならないケースがすでに現実化している。

教育現場では不登校に代表されるような児童生徒の長期欠席は無数にあるが、その原因は非常に多様であり、いじめだけに限ることはできない。むしろ、統計的にはいじめよりも家庭環境や病気を理由とする長期欠席のほうが圧倒的に多い（第四章参照）。そのため、②のように長期欠席を理由とする重大事態の場合は、いじめが原因と決めつけずに、家庭環境や病気の可能性なども考慮し、学校だけでなく児童相談所などの福祉機関や医療機関とも連携して事実関係を確認した上で、第三者を含む調査組織を設置すべきだろう。

ところが、ガイドラインでは、長期欠席の状態で保護者の申立てさえあればいじめの重大事態と解釈して調査組織を設置しなければならない。今や全国の学校でいじめの第三者調査委員会が毎月のように設置されている状況だ。調査委員会のメンバーに選ばれた人も大変だが、教師をはじめとする学校関係者にとっても大きな負荷がかかる。また、自治体にとっては調査委員会の運営予算も組まなければならず、財政上の負担も大きい。

何よりも重要なのは、虐待が見逃されることに加えて、子どもに対する負担である。いじめの第三者調査委員会が設置されれば、多数の子どもたちが委員会の調査に事実上協力しなければならない。当初から保護者の虐待が原因であった場合、調査に協力した子どもたちは精神的に重圧を負うだろうし、時間も割かなくてはならない。

このように考えると、いじめ防止対策推進法とガイドラインの解釈は、現場感覚を考慮していないといわざるを得ない。この法律をもとにスクールロイヤーが法律的な助言をしようとすれば、どうしても非現実的になってしまう。

ネットいじめは学校の責任なのか

長期欠席と重大事態のケースと同じく、現場感覚が法やガイドラインに反映されていないケースに「ネットいじめ」がある。現代のいじめはネットいじめと不可分である。ではいじめ防止対策推進法やガイドラインはその点にどう対応しているのか。

同法は、インターネットを通じて行われるいじめの対策の推進を学校関係者に求めており、同時にネットいじめの早期発見などの迅速な対応も学校に求めている。しかし、よく考えてみてほしい。そもそも学校は、児童生徒のネット利用を管理する権限を持っていない。管理権者は保護者である。教師の感覚からすればおよそ不可能なことを法が学校に強いていると感じるし、「権限あるところに責任あり」とする法の基本的な理解としても適切でない。いじめ防止対策推進法がまず明記すべきは、学校にネットいじめの早期発見を要求することではなく、ネットいじめの法的責任は管理権者である保護者が負う、という規定なのだ。

もちろん、学校が一旦《いったん》認識したネットいじめに対して適切に対応しなければならないことは当然である。しかし、学校が保護者よりもネットいじめの責任を積極的に負うかのような解釈になっている現状のいじめ対策は、現場感覚からおよそかけ離れているだけでなく、法的理解としてもまったく誤っていると言わざるを得ない。

ネットいじめは、「いじめの四層構造」（加害者・煽《あお》る周囲者・傍観者・被害者）という、いじめの構造を理解する従来のモデルでは理解が難しいと言われる。外部からは認識しづらいLINEなどSNSの閉鎖的な環境でのコミュニケーション、短時間で膨大になされる情報のやり取り、「陰口」「無視」といった最も心理的に残酷ないじめに適しやすい本質、匿名性を利用していじめに加担する心理、不特定多数に拡散し、記録が永久に残ってしまうリスクなど、対面で行われるいじめとは明らかに異なる要素を持っている。私も何度もネットいじめのやり取りを間近で見ているが、ネットから受ける子どもたちのストレスが従来のコミュニケーションからは容易に想像がつかないものであることを実感している。

しかも、対面のいじめで行われやすい「暴力」「カツアゲ」などと違い、ネットいじめの大半である「陰口」「無視」は、それだけでは犯罪にもならない。警察に相談して被害届を出したとしても、証拠の隠滅も容易であり、匿名の書き込みなら発信者情報開示請求をしなければ加害者すら特定できない。警察と違って強制的な捜査権限のない学校がネットいじめの確実な証拠を入手して児童生徒を指導することは、実際上かなり困難である。

前述のように、ネットいじめは一次的には保護者の責任だが、当の保護者が子どもよりもネットの利用法に詳しくないのが、ネットいじめの難しさでもある。このことは教師も同じで、ネットいじめは年配の先生ほど指導がしづらい。大人になってからネットを利用し始めた世代の教師と違って、今の子どもたちは生まれた時からネットが存在し、小さなころからLINEを使っている。ネットいじめは、ネットが存在した時代に育った若い世代の教師たちが生徒指導でそのセンスを発揮できる機会でもある。

「組織的ないじめ対応」の実現可能性

現状のいじめの対応方針が現場感覚の欠如した非現実的なものであることは、いじめ防止対策推進法のガイドラインだけに限らない。

例えば、ガイドラインでは、教師がいじめを認識した場合は、直ちに学校いじめ対策組織に報告し、学校全体で情報を共有して組織的に対応することが規定されている。学校全体でいじめの情報を共有し、組織的に対応すべきであるという考え方は一般的なスクールロイヤーの法的助言においても、研究者や評論家の見解でも同様である。

こうした主張の背景には、担任がいじめを認識しながら一人で情報を抱え込んでしまい、外部からはあたかも事実を隠ぺいしたかのような印象を持たれるケースや、学校全体による適切な初期対応がなされないまま事態が深刻化してしまったケースが関係している。

私も、いじめに対して担任が一人で抱え込まずに学校全体で情報共有することが理想の対応であり、組織的対応が実務上も最も重要であることには賛同する。

しかし組織的対応はあくまでも理想論とも考えている。現実は理想どおりにいかないことが多々ある。このことは、実際に教師をしてみてわかった大きな発見の一つでもある。

例えば、次のようなケースは杓子定規に組織的対応を行った結果、いじめの解決がかえって長期化してしまう典型例である。

【ケース　4】

中学校の教師のスズキ先生が担任するクラスで、友人関係にあったサクラとナナミらのグループの関係がぎくしゃくしてしまい、サクラは学校に来られなくなってしまった。スズキ先生がサクラに事実を確認したところ、ナナミらから集団で悪口を言われていることがわかり、スズキ先生はナナミらを呼び出して厳重に指導した。サクラはスズキ先生のことを信頼していたので、先生の対応に納得したが、スズキ先生がいじめ対策組織に報告したところ、校長は「スズキ先生のナナミらへの指導について私は考え方が異なる。ナナミらの保護者を呼び出して私から話をしたい」と方針を決定した。この背景には、日頃からスズキ先生と校長が学校の教育方針をめぐってしばしば対立していた、ということがあった。その後、サクラはナナミらの保護者が校長に呼び出されたことで、ナナミらとの関係がさらに悪化することに不安に覚え、不登校が長期化してしまった。

まず、組織的対応が適切に機能するためには、組織の運営と人間関係自体が健全でなければならない。このことは学校に限らず、民間企業などのどの組織にも言えることだろう。もし、特定の個人の対応力が組織的対応力よりも上であるならば、個人のほうが適切に問題解決できることになる。実はこのことは教師という専門職の集団である学校においては、それほど珍しいことではない。

すなわち、校長や管理職のマネジメント能力が弱く、教師同士の信頼関係が十分に構築されていないなかで、学級運営や生徒指導などの対応力に長《た》けた教師が存在するならば、その教師が個人的にいじめ対応をしても適切に解決を図ることは十分可能だ。むしろ、このような場合に、スクールロイヤーが杓子定規にガイドラインと同じような組織的対応を求めたら、能力の低い管理職の介入によってかえっていじめの解決が長期化してしまうおそれもある。

また、このケースに限らず、担任が組織的対応よりも担任自身によっていじめを解決しようと志向することを全否定してはならないと私は考えている。なぜなら、担任はほとんど一人の責任でクラス運営をしなければならない立場であり、その運営には子どもたちからの信頼が不可欠だからだ。

もしこのケースで、担任のスズキ先生が組織的対応とはいえ初期対応からほかの教師に依存してしまった場合、サクラやナナミをはじめクラスの子どもたちはスズキ先生の担任としての能力に疑問を感じ、信頼しなくなってしまう可能性もある。私もクラス担任をする立場なので、担任と生徒の信頼関係が極めて繊細なものであることを強く実感している。

いじめ防止対策推進法やガイドラインでは、担任がクラスのいじめを一人で抱え込まないように組織的対応を促しているが、クラス運営を一手に担う日本の担任教師の特殊な立場を理解しているとは思えない。

以上のことからもわかるように、スクールロイヤーによるいじめ対応では、学校という組織の運営や人間関係を正しく理解していることが前提となる。またスクールロイヤーになる弁護士のほとんどは、クラス担任をした経験がない。組織的対応を促す助言をする際には、担任が置かれている立場を的確に理解する必要もある。

なぜ現場軽視の法律になるのか

紹介してきたように、現在のいじめ防止対策推進法やガイドラインは、学校の現実を適切に理解していないという問題を抱えている。このままでは、スクールロイヤーが導入されたとしても、活用されない存在になってしまうだろう。そもそも同法やガイドラインは、なぜ学校の現実を盛り込んだ構造になっていないのだろうか。

その理由は極めて単純だ。現役教師が、法律の制定にほとんど関与していないからである。例えば、2017年に改定されたガイドラインの改定作業は文科省の下に設置されている「いじめ防止対策協議会」が担当したが、15名のメンバーは、教育委員会の教育長や大学の教授、弁護士、医師、心理・福祉の専門職、PTAの要職などだ。校長経験者などの管理職は数人含まれていたが、現役教師は一人もいなかった。このことは、例えば医療関係のガイドラインを改定する際には必ず現役の医療関係者が関与することと比べればわかるように、明らかな「現場軽視」だろう。

現状の政府のいじめ対策は、現役教師を関与させずに、機能しないいじめ防止対策推進法やガイドラインを制定しており、結果として子どもたちを救うことができていないし、教師にも多大な負担を強いているのだ。

現場感覚に乏しい担当者らによって制定された同法やガイドラインが、いじめに関する当事者構造の誤った理解に基づいている点にも原因がある。

いじめ防止対策推進法は、ケース2でも記したように、いじめの当事者構造を「被害者」と「加害者」の二項対立の図式でしか理解していない。私が実際の現場で見聞きした事例から考えれば、むしろ、いじめに関わる当事者の利害関係は非常に複雑であり、多元的だ。

たとえば、一般的ないじめでは、「学校設置者」「管理職」「担任・顧問」「被害者」「被害者の保護者」「加害者」「加害者の保護者」というように、最低でも七つの当事者が入り交じり、それぞれの利害関係を主張する（これ以外に「周囲の子ども」も当事者になり得る）。

特に、「子ども」と「保護者」は多くの場合、利害が一致しない。例えば、被害者の子どもはいじめられて嫌な思いをしたが、早く元の人間関係に戻りたいと希望しているが、保護者は加害者への厳罰を主張し、子どもを登校させないことがある。損害賠償を含めて裁判も辞さないと主張する場合もある。

学校内部で利害関係が異なることもある。例えば、管理職は加害者の厳罰を主張するが、担任自身は今後の学級運営も鑑《かんが》みて、穏便な解決を図りたいと考える場合などである。

この複雑な関係性のなかにスクールロイヤーは入っていくことになる。文科省をはじめ、社会も、いじめの適切な解決にスクールロイヤーへ大きな期待を寄せているが、実際に当事者間の複雑な利害関係を理解することは想像以上に難しい。

さらに、日弁連をはじめとする「あるべきスクールロイヤー論」では、スクールロイヤーは代理人にはならないため、当事者の前には姿を現さないことになっている。当事者、特に子どもと直接に会うことなく、利害関係を正確に理解することは不可能に近い。子どもたちに会わずにいじめを解決のための助言ができるのか、そもそも疑問である。

予防授業で張り切る弁護士

私は教師として働く中で、たとえ教師が弁護士であってもいじめの適切な解決が非常に難しいことを何度も経験している。それだけに、スクールロイヤーがいじめ問題の「救世主」として扱われるような風潮にはこの上ない危機感を覚える。

むしろ、いじめを適切に解決するためにスクールロイヤーに必要なのは、救世主としての自覚ではなく、学校現場の実情をほとんど知らないという自覚だろう。謙虚な姿勢で教育の現場に関わっていくことこそ、まず大切だ。なぜなら、最終的に子どもたちに対して責任を負っているのは、日常的に子どもたちと接する教師であって、学校にほとんど来ない弁護士ではないからである。

その点で懸念を覚えるのは、弁護士による「いじめ予防授業」である。現在の学校現場では、弁護士が来て、予防授業をさかんに行っている。文科省が想定するスクールロイヤーの役割には、いじめの予防教育が含まれており、また弁護士の側もいじめの解決と並ぶ重要な役割であると認識しているようだ。いじめは重大な人権問題なので、人権の専門家である弁護士がその視点からいじめ問題を子どもたちに教えることは、教師には難しいことであり、確かに必要性も高い。

ところが実際のいじめ予防授業では、弁護士が張り切ってしまうあまり、人権の視点にとどまらず、教師が本来すべきところまで踏み込んでしまう場面が多々見られる。もちろん、弁護士は人権と法律の専門家なので、いじめが重大な人権問題であることや、場合によっては不法行為や傷害罪などの法律違反になることなど、法的な視点に基づく知識を教える授業は当然あり得るだろう。

しかし、教師経験のある弁護士は別として、ほとんどの弁護士は何十人もの子どもたちが集団生活を送る環境をマネジメントした経験がない。そのような弁護士が人権や犯罪の知識を超えて、ロールプレイやアクティブ・ラーニングまで取り入れたいじめ予防教育を担当することを、教師は求めているだろうか。むしろ、教師がサポートに来てほしいと求めているのは弁護士ではなく、心理学や社会学などの専門家ではないだろうか。

なぜ私がこの点を懸念するかと言うと、弁護士は日常的に子どもたちに接しておらず、直接責任を負う立場ではないからであり、授業であっても教育的な影響を及ぼすのはあくまでも必要最小限であるべきと考えているからだ。スクールロイヤーであっても同様である。いじめ予防授業はあくまでも日常的に子どもたちと接する教師が主役となって主体的に行うべきものであり、弁護士はあくまでも人権と法律の専門家としての立場から限定的なサポート役に徹するべきだろう。

実際、弁護士によるいじめ防止授業は「効果があるのかないのかわからない」というのが実情だ。文科省は、弁護士がいじめ予防授業を行うことで、教師が行った場合と比較してどのような効果の違いがあったかを何ら検証していない。教師よりも弁護士が行うほうが子どもたちに対する効果が大きいことが示されて初めて、弁護士の予防授業が正当化され得る。にもかかわらず、その効果が検証されていない状況で、弁護士がいじめ予防授業を大々的に行っている現状には問題があるだろう。

いじめの根底にあるもの

そもそも、予防教育をすることで、いじめは予防できるのだろうか。もっと正確に言えば、いじめは予防できるものなのだろうか。

私は日本の社会の下でいじめを予防することは不可能だと考えている。なぜなら、日本の社会では大人であっても不合理な「同調圧力」によって個人の意見がないがしろにされることは日常茶飯事であり、たとえ正しいと考えていても自分の主張を明確に示すことが憚《はばか》られる社会だからだ。このような社会を築いている大人たちが、いじめが発生した際にすべてを学校教育の責任に転嫁しようとすること自体が、極めて不合理ではないだろうか。

いじめを予防するためには、迂遠《うえん》な話になるがまず大人たち一人一人が、不合理な同調圧力を変えていく意識を持つことが真っ先に必要なことだろう。

また私は、日本の学校制度自体にも、いじめを予防することが難しい特徴があると考えている。いじめの予防を主張する論者の中には、日本の学校制度の特徴である「学級」「部活動」といった集団主義的な制度がいじめを助長する要因になっていることから、これらの制度を廃止すべき、とする主張もある。私もこのような主張は十分傾聴に値すると考えている。

一方で、他章でも述べるが、学級や部活動には海外の教育にはない日本の教育のメリットもある。子どもたちが将来、社会で働く際に、多くが会社をはじめとする何らかの組織という集団の中で働くことに鑑みれば、学校教育において学級や部活動という集団の中で日常生活を営む経験にメリットがあるのは間違いない。学校の機能としてよく言われる、コミュニケーションカ、忍耐力、持続力、体力など、いわゆる学力以外の「非認知能力」を養う場として、学級や部活動はそれなりの機能があるとも考えられる。

また日本の学級担任の制度は、「とりあえず困ったことがあれば担任に相談する」といった子どもや保護者にとってはこの上ないワンストップサービスとしても機能している(もっともその分、担任教師の負担は非常に重いが……)。海外の学校教育は学級制度がほとんど機能していないので、担任する教師が子どもに寄り添う文化自体がない。確かに、教師と子どもの関係がドライであることが悪いわけではないが、子どもにとっては保護者以外の大人が必要になった場合に、教師を頼ることが容易ではなく、デメリットも多い。例えば、佐久間亜紀《さくまあき》氏(慶應義塾大学教授)はある学会で、アメリカではスクールバスの中でいじめが起きたらスクールバスの運転手が対応するエピソードを紹介しているが、ネットのいじめですら教師が責任を負うべきといった意見が法解釈でも有力な日本ではおよそ考えられないだろう。

私がALT(Assistant Language Teacher　外国語を教えるネイティブの指導助手)などのネイティブの講師に意見を聞いてみると、日本の学校のメリットは教師の面倒見がよいことにあると口々に言う。学級制度も肯定的に受け止められている。

したがって、私は日本の学校教育制度の特徴である学級や部活動といった制度自体は残した上で、いじめに適切に対応できる制度設計を講じるべきだと考えている。

加害者を退学させられない

日本でいじめが適切に解決できないのには、法制度自体の問題も大きい。

まず早急に改めるべき法制度は、公立小中学校で例外なく停学や退学が認められていない点だ。いじめなどの例外的な事情がある場合には、学校が加害者を停学や退学にすることができるようにする必要があると私は考えている。こう言うと、決まって「子どもの教育を受ける権利がないがしろにされる」と主張する意見にあうが、ではいじめの被害者が学校に来られないことについてはどう考えているのだろうか。

私はかつて『スクールロイヤー ―学校現場の事例で学ぶ教育紛争実務Q＆A170―』という実務書を執筆する際に調べ、同書でも記しているが、海外では小中学校で、例外なく停学や退学が認められている。認められていない教育制度は、少なくとも主要国では日本以外には見当たらなかった。その点から見ても日本の教育制度は特異である。

現在の制度は子どもの人権、特に学習権を徹底的に保障するために必要な制度として肯定的に捉えられることが多い。特に子どもの人権を専門とする弁護士はそのほとんどがこの制度に肯定的である。しかし、実はこの制度こそ子どもの人権、特にいじめの被害者の学習権を侵害する最大の原因になっているのではないだろうか。

例えば、次のようなケースを考えてみよう。

【ケース　5】
ある公立小学校に通っている児童ミユウが、リコらの加害者グループからいじめられ、学校に来られなくなってしまった。学校はリコらを指導したが、リコの保護者は協力的でなく、リコの態度もあまり改善しなかった。ミユウの保護者は、リコが同じ学校に通っている以上は自分の子どもはこのまま学校には通えないので、リコを別の学校に転校させてほしいと学校に要求した。しかし、公立小学校では停学も退学も認められていないため、学校は要求に応じられなかった。その後、ミユウは別の学校に転校した。

このように、いじめの被害者が転校するケースは、加害者が転校するよりもはるかに多い。なぜ被害者が転校しなければならないのかといえば、その理由は、このケースのように学校が加害者を退学させて転校させることができない日本の教育制度にある。退学どころか、加害者を一時的に停学させることもできないのだ。ちなみに停学については公立小中学校だけでなく、私立小中学校であっても例外なくできない。

日本の教育制度には停学に類似した「出席停止」という制度がある。これは、教育委員会の判断で、問題のある児童生徒の保護者に対して、一時的に子どもの出席を停止するように命じる制度であり、停学と同様に一時的に児童生徒は登校できなくなる。しかし、出席停止はあくまでも教育委員会の判断で保護者に対して命じるものであり、学校の判断で児童生徒に対して登校を一時的に禁止する停学とは似て非なるものだ。実際にいじめが起きている学校ではなく、現場から遠い教育委員会の判断でなければ登校の見合わせを命じることができないというのでは、現場のニーズに即した対応は難しい。

しかも、実際の学校現場では「停学」という言葉を使わず、「謹慎」という言葉を用いる。教師が生徒に対して、反省の態度や行動の改善を確認しながら指導していく手法をとるためで、一時的に児童生徒の登校を禁止するとはいえ、そこには教育的配慮も多分に見られる。

ケース5で、加害者リコに対する停学や退学が認められていたらどうなったか。リコに反省の態度が見られず、保護者の態度も非協力的であるならば、リコの登校を一時的に禁止して反省や保護者の協力を促すことができた。もしそれでも改善が見られないのであれば、退学を促すことでより危機感を持たせることもできただろう。被害者であるミユウが転校してしまう結果にならずに済んだかもしれない。

私はいじめに関しては、加害者に対して多様な指導手法が教師に認められるべきだと考えている。そうでなければ、限られた方法の中で加害者を指導しなければならず、教師にとって大変な負担になってしまうからだ。

日本のように、加害者に対して停学も退学もできない制度の中では、教師は加害者に時間をかけて寄り添いながら、愛情や信頼といった感情に立脚してきめ細やかな指導をしなければならない。「そこまでやるのが教師の仕事」だと思う読者もいるかもしれないが、実際にほとんどの教師は、最大限に努力して対応している。そして教師も人間である。1日は24時間しかなく、そのなかで担任する30～45人の生徒を見なくてはならず、限界があるのだ。一方で海外の教師は、退学や停学があり得ることも伝えながら目的を理解させる。これと比較すれば、日本の教師は考えられないほど負担が大きい。

少なくとも停学は認めてもよいのではないかと私は思っている。停学の一種として行う一時的な謹慎は、加害者の学習権を侵害する指導手法ではあるが、退学と比べればその侵害の程度は格段に低い。謹慎中にも指導を続けながら被害者の支援を講ずることができるため、被害者の学習権の保障との調整も図ることができる。また、停学中にカウンセリングや福祉的支援を十分に受ける余裕もできる。

このように考えていくと、公立小中学校に対して例外なく停学や退学を禁止する現行の日本の教育制度は、いじめの適切な解決を図る観点からは有害でしかなく、子どもの人権に配慮した制度として何ら機能していない。早急に改正されなければならないだろう。

いじめの予防は教師の努力次第？

ところでいじめが発生した場合、非難の矛先が加害者ではなく、いつも担任教師をはじめとする学校に向けられるのはなぜだろうか。

それは、「教師がしっかりしていればいじめを防げた」という先入観があるからだろう。実際に私も教師を経験する前は、恥ずかしながら、能力のある教師ならばいじめを予防できるという想いを少なからず抱いていた。しかし、それは教師経験のない人間の、傲慢《ごうまん》から浮かび上がる誤った先入観でしかなかった。教師経験がある人間なら誰もが、「教師がしっかりしていれば防げた」という考えが不合理だと思うはずだ。

私が「どんな教師でもいじめを１００％防ぐことは難しい」と実感したエピソードが一つある。

一つは、私が大変尊敬する同年代の先生が担任する中学生のクラスで起きたいじめである。この先生は教科指導はもちろん、生徒指導やクラス経営も上手で、生徒だけでなく保護者からの信頼も厚かった。私自身、何度も生徒指導や担任としてのクラス経営のコツを教えてもらったことがある。しかし、この先生のクラスでもやはりいじめが起きてしまった。

きっかけは異なる小学校でいじめられていた生徒といじめを繰り返していた生徒が、偶然その先生の担任クラスになったことであった。よく「いじめられる子どもには原因はない」と言われるが、これは人権感覚としてはともかく、科学的に実証された命題ではない。

実のところ、教師のほとんどは「(数としては少ないが)いじめられる子どもの言動や性格が誘発してしまういじめが存在する」ことを実体験から認識していると思う。例えば、自尊心が強すぎるあまり、他人の気持ちや立場に立って考えることが苦手だったりコミュニケーション力が弱かったり、場の空気を読むのが苦手な子どもは、どうしても他人と衝突することが多く、いじめられる機会に遭遇しやすい。

逆に、本来的な性格に加えてストレスや家庭環境などの様々な要因で他人を集団で攻撃したり、同調圧力を及ぼそうとする、いじめやすい子どもも当然存在する。

同じクラス内にこのようないじめられやすい子どもといじめやすい子どもが存在すれば、いじめが発生する確率は格段に高くなってしまう。私自身も、この先生のクラスでいじめが起きたときに、そのことをはっきり認識するに至った。このことは、教師の能力がどれほど高くても防ぎようがないいじめが存在する現実を私に示したのだった。

担任業務は校長の職務命令であり、教師が担任するクラスのメンバーを選ぶことはできない。このことは、子どもや保護者が担任教師を自由に選べないことと表裏一体である。したがって、どれほど能力の高い教師であっても、担任クラスのメンバーにいじめを発生させる可能性が高い人間関係が存在すれば、いじめを予防することは極めて難しいのである。

しかし、この先生の能力の高さはいじめを予防するのではなく、発生したいじめを適切に解決する場面で発揮された。

被害者と加害者双方に時間をかけて寄り添いながら双方と信頼関係を築き、毎日のように保護者の意見も聞きながら、当初は感情的になっていた保護者との関係を落ち着かせ、結果的に発生したいじめを適切に解決することで、その後のクラス運営にとってプラスの影響をもたらした。当事者それぞれの長所や短所、本人だけでなく保護者の長所や短所、生育歴や家庭環境を的確に理解していた点もこの先生のすごさであった。

私もこの先生から相談を受けて、スクールロイヤーとして法的視点からの助言を行ったが、事実関係の聞き取りだけでなく、言葉遣いや交渉力など、どれをとってもほとんどの弁護士は到底かなわないと思うほど熟練したものであり、マニュアル思考で記載されたガイドラインなどよりもよほど効果的だと感じた。弁護士である私の助言もほとんど必要ないほどだった。私がスクールロイヤーの役割を考える上で、弁護士のほうこそ、能力ある教師に学ぶべきだと感じたケースでもある。

もう一つのエピソードは私自身のものだ。私は担任として、いじめなどの人間関係の問題を生じさせないようにするには、担任が生徒と日常的に関わる時間を増やすことが重要であると考えていた。教師の視点からは容易に認識できない生徒の情報を得る機会が持てるからだ。そのため、日常的にできる限り生徒が相談しやすいような親近感を持って接することを心掛け、休憩時間や放課後も時間があれば教室に行って生徒と話したり、学校にいないときもいつでも電話やメールで連絡を取り合えるようにするなど、クラス運営にもそれなりの時間をかけていた。生徒同士の人間関係もかなり的確に把握していたつもりだった。

ところが、私が担任した生徒たちが卒業して一年後に会った際、彼らは、

「先生、今だから話せるんですが、あの時はいろいろあったんです」

と、私が想像もしていなかったような事実を次々に告白した。そのなかには、いじめ防止対策推進法のいじめに該当するかもしれないような事実もあり、もし顕在化していたならば法に基づく適切な対応が必要であった。このとき、表面的ではない、本当の信頼関係を担任と生徒で築くことはとても難しいことを改めて実感した。

この出来事は、担任としては親しく接しているつもりであっても、認識できる生徒の情報は非常に限られたものであり、いじめを予防できるほどの情報までを把握するのはほとんど不可能であることを自覚する契機にもなった。

スクールロイヤーがいじめに対してできること

以上の二つのエピソードは、少なくとも私にとっては「教師が努力をすればいじめを防げる」という先入観を根底から揺らがせるものだった。読者の方にも教師がいじめを防ぐことの難しさを少しはお伝えできたかもしれないが、教師がどれほど努力してもいじめを防ぐことができないクラスメンバーの構成があり、どれほど努力しても、いじめを防ぐだけの生徒の人間関係をすべて知ることは不可能なのが現実だ。

実際、ほとんどの教師は真摯《しんし》にいじめを防ごうと毎日努力しているということだ。担任ならば、自分のクラスでいじめが発生することほど心が痛むことはない。自分が一番身近に接している子どもが、自分の作ったクラスの雰囲気の中で辛《つら》い思いをしていることに、担任として責任を感じない人間はいないだろう。それにもかかわらずいじめが発生した場合、マスメディアや弁護士が一斉に担任の責任追及を始めれば、心は折れてしまう。私自身も弁護士がいじめの裁判で、担任教師の責任を徹底して追及している姿を見て、心の中で「そんなに言うなら、貴方が担任をやってみればよい」と思うことがよくある。

繰り返すが、私はたとえスクールロイヤーがどの学校に配置されても、今の日本社会の下でいじめを予防することは不可能だと考えている。前述したように、日本社会の同調圧力は尋常ではなく、自由闊達《かったつ》に意見し合うはずの弁護士の業界ですら、「強制加入団体」という同調圧力の中で仕事をしなければならない。そんな日本の弁護士が、スクールロイヤーとして学校での同調圧力が生み出すいじめをどれだけ予防できるだろうか。

むしろ、社会がスクールロイヤーに求めるべきことは、いじめを予防することではなく、起きてしまったいじめを適切に解決することではないだろうか。適正手続などの法の理念や、いじめ防止対策推進法をはじめとした法令に基づく対応を前提としつつ、法が教育の現実に合わない実態を理解して現実的な対案を示し、被害者も加害者も二度といじめに関わらないような人生を送れるような解決策を見出《みいだ》す。とても難しいことだが、スクールロイヤーに求められるいじめ対応とは、そのようなものではないだろうか。

先に私は、小中学校で停学や退学ができない制度を改めるべきだと述べた。もし小中学校で停学や退学が認められるようになったなら、当然、学校が停学や退学を濫用する危険性も増える。私はそのときこそスクールロイヤーの出番だと考えている。

例えば、学校がいじめの加害者を停学させる場合には、スクールロイヤーが助言して停学に相応する事実関係を的確に把握するとともに、停学中の加害者への指導方針に法的問題点がないかどうか、加害者の言い分を十分に聞く機会を保障したり（適正手続）、加害行為や被害の程度と比べて処分の重さは妥当か（比例原則）といった法的視点から加害者の人権が必要以上に侵害されないよう配慮する役割を担うことができる。また、停学よりもさらに重い退学にする場合には、スクールロイヤーの助言が最終判断を下す際の法的判断に不可欠になるだろう。

小中学校で停学や退学になる可能性があれば、その分スクールロイヤーを活用する機会も必然的に増えるため、現状よりも子どもの人権に配慮した対応が期待できるのだ。

また、「学校訪問型」「職員型」「教師型」といったスクールロイヤーであれば、従来の弁護士よりもずっと学校現場に接する機会が多い。そのため、スクールロイヤーが教師の仕事の現実を適切に理解しながらいじめの解決に関わることができれば、いじめが発生した場合であっても、教師に必要以上に責任追及の矛先を向けるマスメディアをはじめとする日本社会の意識の変更を促すよう提言していく役割を担うこともできる。

私たちが求めているのは、いじめを予防するのではなく、適切に解決するために、学校に定期的に来て子どもたちと教師に寄り添ってくれるスクールロイヤーなのである。

第三章　虐待——弁護士との連携で防げる可能性は高い

虐待予防教育の可能性

日本では児童虐待が年々増加し、しかもそのペースも十年以上も前と比べると加速しており、深刻さを増している（図4）。統計的には学校で発見された虐待は多くはないが、教師は日常的に子どもと関わっているので何らかのサインを認識する可能性は高く、学校が虐待発見において重要な役割を負っていることは間違いない。教師としては、実はいじめよりも虐待のほうが早期発見しやすい事象だと私は思っている。

一方で、学校は虐待を早期発見することに貢献することはできても、虐待を防止し、これをなくすために貢献することができるかは疑問がある。虐待は一次的には教育問題ではなく福祉問題であり、家庭の問題だからだ。

虐待を防止するために学校ができる数少ない貢献としては、虐待予防教育がある。実は、いじめ予防教育と比べると、虐待予防教育はほとんど実施されていない。しかし、中には現に家庭内の虐待で苦しんでいる子どももおり、この点ではいじめと何ら変わりはない。また、子どもたちもいつかは親となり、子どもを育てる立場になる。その時に我が子を虐待しないための知見を持っているかどうかは、当然虐待を防止する上でとても重要だ。

私は高校で公民（現代社会）の授業を担当しているが、その中で虐待防止教育も行っている。その際には、二つの論点をよく取り上げる。

一つは「日本では近年急速に虐待件数が増えているが、昔は少なかったのか」という点である。統計的にはそうだが、本当に昔の日本では虐待が少なかったのかどうかは正確にはわからない。昔から潜在的に多かったが、たまたま発覚した事件が少なかったのかもしれないし、昔の日本には虐待を防止する何らかの事情があり、それが失われたことで増えたのかもしれない。この点を生徒にも検証してもらいながら、虐待の要因や防止する手がかりを考えてもらっている。

もう一つは、「どのような環境であれば、虐待が増えるのか」という点だ。科学的に実証されているデータなどを生徒に見せて、「虐待が行われやすい環境」を学び、防止する糸口を探ってもらう。実はこの授業は、教師として細心の注意を払って行っている。なぜなら、現に「虐待が行われやすい環境」にいる子どもたちが授業を受けているかもしれないからだ。例えば、虐待しやすい親の要因や環境、属性として、母親の病理的要因や経済的環境、実父

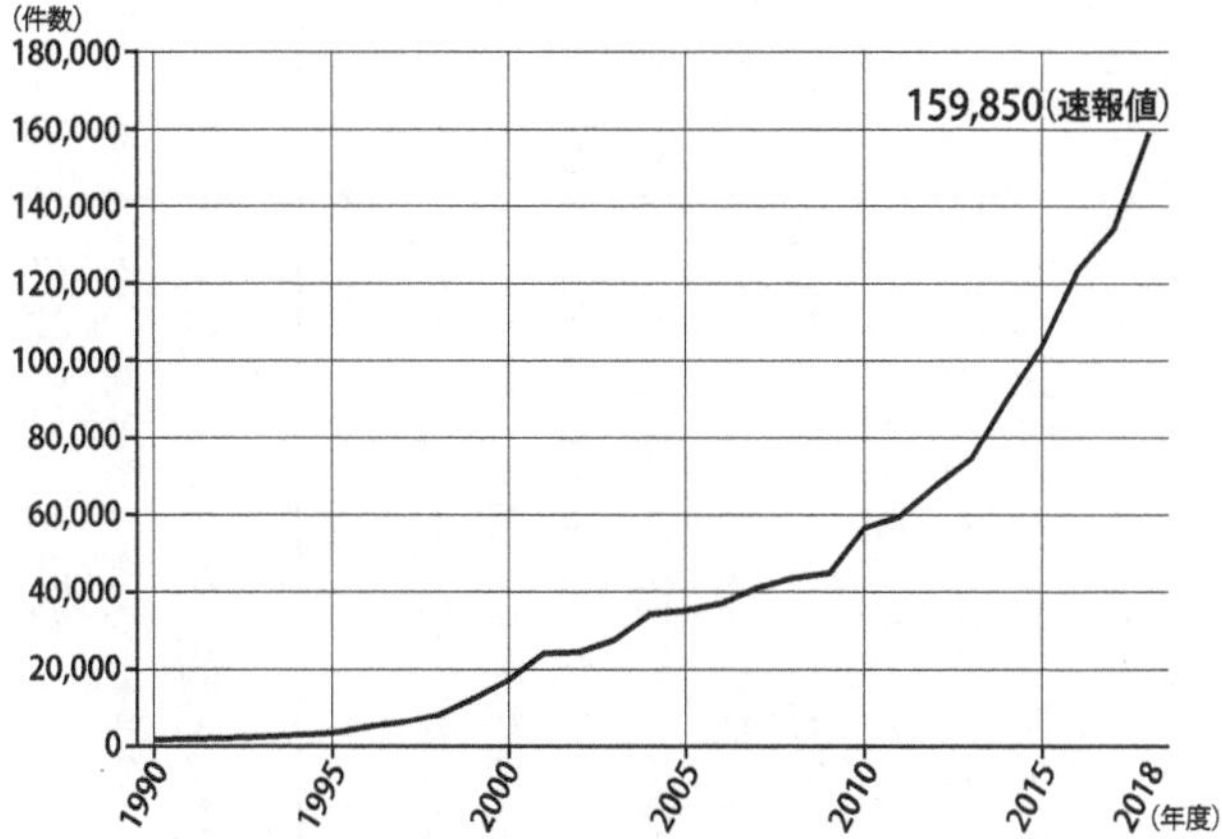

図4　児童相談所での児童虐待相談対応件数の推移
（出典　https://www.mhlw.go.jp/content/11901000/000533886.pdf）

以外の父親、低年齢の親が多いという研究があるが、もし授業でこういったことを紹介すると、該当する親を持つ子どもは不安感を覚えて複雑な気持ちになってしまう。

いずれにしても、現状ではいじめ予防教育と比較して虐待予防教育は格段に軽視されている状況にあることは否めない。したがって、学校関係者は虐待予防教育をどのように充実させていくか議論していく必要があるし、弁護士も無関心であってはならないだろう。

虐待に対応する余裕が学校にあるのか

実際に学校で虐待が発見された場合、現状ではどのような問題があるだろうか。私がスクールロイヤーとして関わる虐待のケースでは、学校の対応が問題になることはあまり多くない。むしろ、対応に問題があるのは学校ではなく、児童相談所や警察である。
次のケースは、学校で比較的よくある事例である。

【ケース 6】
ユウトは小学2年生の児童だが、小学校に入学した際に父が再婚したので義母と同居している。しかし、義母は年齢が非常に若く、自己中心的な考えを持っており、ユウトに対して次第に暴力をふるったり、食事を満足にとらせないといった虐待を始めるようになった。また父は仕事が忙しくてほとんど家にいないため、ユウトは義母と家で過ごす時間が多かった。ユウトの担任のタカハシ先生は、ユウトが最近休みがちであり、体重もやや減少していることや、表情が暗いことから、家庭で何かあるのではないかと推察し、本人から事情を聞き取ったところ、前記の虐待の事実が判明した。タカハシ先生は校長と相談の上、直ちに児童相談所に連絡してユウトを一時保護するように求めた。しかし、児童相談所からは緊急性がないので様子見するという回答であった。また、警察にも連絡したが、まだ事件になっていないという回答で対応してくれなかった。

このケースはすでにユウトに対する虐待が始まっていることに加えて、実親でない人物との同居が始まっており、その人物の性格にも問題があることから、統計的にはユウトの生命に関わる虐待が行われる可能性が極めて高い。にもかかわらず、学校でこのようなケースが発見されたとしても、おそらく児童相談所や警察はほとんど対応してくれない。なぜなら、ユウトには暴力を受けた痕跡《こんせき》など、虐待の事実を客観的に証明する事実が現認されなかったからである。食事を満足にとらせないネグレクトや、表情が暗いなどの精神的状況は、客観的な事実として認識しづらい。

とはいえ、このような児童相談所や警察の対応は間違っている。児童虐待防止法は、児童虐待を現に受けている児童が保護対象ではなく、「児童虐待を受けたと思われる児童」が対象であり（同法6条・8条）、このケースのように虐待を受けているおそれがある児童であれば、児童相談所は安全確認を行い、必要に応じて一時保護などの措置をとらなければならない。また同法は、警察にも安全確認や一時保護などの措置に協力する義務を求めていることから（10条）、警察もまた学校から虐待の通報があったならば最低でも安全確認はしなければならない。しかし、警察は犯罪として捜査するに値する証拠がある程度なければ、たとえ虐待の通報があっても動かない。警察が初動対応で保護者の暴力などを発見していれば子どもの生命を救えたかもしれない虐待案件も少なくない。

では、警察はともかくとして、なぜ児童虐待の専門機関でもある児童相談所の初動対応は消極的なのだろうか。この原因ははっきりしていて、近年の虐待件数は児童相談所のマンパワーとキャパシティ（施設の収容力）を超えているからである。児童相談所は、法律上は保護の対象となる児童であっても、マンパワーとキャパシティを考慮して対応に優先順位をつけなければならず、緊急性が低いと初動対応はどうしても遅れがちになってしまうのだ。

このような児童相談所の対応には、二つの大きな問題があると考える。

一つは、児童相談所に余裕がないからといって、学校が虐待の対応をすべきだという理由にはならないということだ。教師は児童相談所の職員以上に、一人一人が多大な業務を本業の教育で担っており、虐待に真摯《しんし》に対応できるだけの余裕はない。そのような中で教師が中途半端に虐待の初動対応を行えば、重大な法的責任を負わされるリスクすらある。また、学校はあくまでも教育機関であり福祉機関でない。その意味では、そもそも虐待対応を学校の案件としてスクールロイヤーに対応を委《ゆだ》ねるような状況は、好ましくない。

もう一つは、児童相談所のマンパワーとキャパシティが限界を超えているにもかかわらず、その最たる原因である虐待件数自体を減らす根本的な議論がなされていないことだ。

私はいじめを予防することは非常に困難だが、虐待を予防することは可能だと考えている。なぜなら、虐待は社会的要因よりも、保護者の人格的要因に影響されるからである。同じような環境にあったとしても、虐待をするかしないかは結局、保護者の人的要因による。たとえ経済状況が困難であっても、ストレスフルな仕事をしていても、実子でない子どもに愛情が芽生えないにしても、決して虐待に及ばない保護者もいる。したがって、虐待をする保護者に対しては政策的に制裁を強めなければ予防的効果は期待できないのではないか（もっとも、虐待をする保護者の人格的要因に対して、福祉的・医学的ケアが可能であれば、その充実を図る必要もあるかもしれない）。

虐待をなくすための法制度を

この点で、政府は相次ぐ児童虐待事件を受けて、2019年6月に児童虐待防止法を改正し、親の体罰を禁止する規定を新たに追加した。親の懲戒権を規定する民法に関しても、これを廃止することも含めて法制審議会で検討することにした。

しかし、子どもを死に至らしめるような暴力的なしつけはあり得ないにしても、少しでも手を出せばアウトのように懲戒権を廃止すれば、かえって子どものしつけができない保護者を増やすばかりか、しつけを教師に委ねることになり、教師に多大な負担がかかるのではと危惧《きぐ》している。

子どもの個性が一人一人違う以上、保護者の育児の方法もまた子どもに応じて多様なものだろう。虐待に至らない程度の必要最小限の有形力を行使して、上手に子どもをしつける保護者もたくさんいる。したがって、親の体罰を一律に禁止したり、懲戒権を廃止するといった方向性は、あまりにも極端だと思う。

むしろ、今必要な法改正は、虐待をした保護者に対する厳罰化だと私は考える。弁護士業界では厳罰化自体を嫌う風潮が強いので、保護者に対する厳罰化を求める声はほとんど聞かれない。しかし、たとえ人間の命を奪っても、それが子どもであれば、日本の裁判では保護者が極刑に科せられることは現実的にまずない。虐待をした保護者に対する法的制裁は極めて軽いと言わざるを得ないだろう。

子どもの命を奪うということは、道徳的にも絶対に許されることではなく、倫理的に言っても、将来を担う人間が失われるという意味で社会全体にとって多大な損失だ。道徳法則に基づく動機説の考えに立っても、功利主義的な結果説の考えに立っても、虐待をした保護者に対する厳罰化を躊躇《ちゅうちょ》する理由はないだろう。

スクールロイヤーは本当に虐待で役に立つのか

ところが、現状では政府からも弁護士業界からも、保護者に対する厳罰化よりもスクールロイヤーを児童虐待対応で活用すべきであるという主張がなされている。こうした主張の背景には前述のような政府の頓珍漢《とんちんかん》な議論の方向性だけでなく、実は、弁護士業界における醜い利権問題が存在するのだ。

そもそも、虐待対応は本質的にはスクールロイヤーの業務ではない。なぜなら、２０１６年の児童福祉法の改正により、虐待対応を担う児童相談所にはすでに弁護士が必ず配置されているからである（以下「児相弁護士」と称する）。もし、虐待対応をスクールロイヤーが担うことになれば、児相弁護士と役割が重なってしまう。両者の存在意義と役割分担は当然、議論されなければならないが、弁護士業界自体がしていない。この点から私は、千葉県野田市で発生した児童虐待事件を受けて、スクールロイヤーを導入して虐待に対応すべきであるとする、近時の議論の方向性に問題があると考えている。

野田市の虐待事件に関しては、父親の脅迫めいた言動に屈した教育委員会が、女児から虐待の事実を聞き取ったアンケートのコピーを手渡したことが批判されていたが、こうした関係者の対応はもとより、コピーを渡した時点では、児童相談所が女児の一時保護を解除し、親族の家庭に居住させていた点こそが、まず問われるべきだったのではないだろうか。

弁護士の関与という観点から言えば、児相弁護士が、一時保護解除の判断を含めた一連の児童相談所の動向にどれだけ関与していたかが問われるべきであった（おそらく児童相談所は児相弁護士に相談しなかったのではないだろうか）。また、この事件では児童相談所が一時保護を解除してから約一年後に女児が亡くなったが、その間、児童相談所も学校も具体的にどのような対応や連携をしたのか、ほとんど明らかになっていない。

こうした事情に鑑《かんが》みれば、野田市の虐待事件を契機に高まった、スクールロイヤーが虐待対応を担うべき、という風潮は極めて不自然だ。スクールロイヤーよりも先にまず、すでに配置されている児相弁護士がなぜ機能しなかったのかという点を検証すべきだろう。

それにもかかわらず、文部科学大臣はスクールロイヤーを虐待対応で活用するために配置することを検討すると声明を発表している（２０１9年2月12日の報道発表など）。児童相談所ではなく、学校に虐待対応までさせるつもりなのだろうか。

弁護士業界の利権の構造

政策担当者はともかく、弁護士業界もまた、こうした間違った議論の方向性を黙認するかのように、児相弁護士の存在意義を議論せずに、スクールロイヤーの導入を積極的に行おうとしている。弁護士業界では野田市の虐待事件を受けて、児相弁護士の存在意義についての議論はほとんど見られない一方で、スクールロイヤーに関してはメディアに積極的に出て見解を示す弁護士が急増し、シンポジウムもさかんに行われている。

なぜ弁護士業界はこのような不自然な議論を行っているのだろうか。私は弁護士業界の利権問題が背景に存在しているのではないかと推測している。

前述のように、現在はすべての児童相談所に何らかの形態で弁護士を配置することが児童福祉法で義務付けられている。しかし、児童相談所に充てられる予算規模は非常に小さい。そのため、大半の児相弁護士は担当する業務や責任に見合うだけの報酬を得ているとは言い難い。そもそも、弁護士業界の人材不足の問題もあり、児童相談所に弁護士を配置するといっても実際に常勤職員としているところはほとんどなく、非常勤職員であっても少ない。大半は、専属で相談できる外部の弁護士と顧問（業務委託）契約を結んでいるに過ぎず、その報酬は虐待という子どもの生命がかかる重大なケースを扱う多大なプレッシャーに見合うものではない。そのような状況下で、野田市のような虐待事件が起きれば児相弁護士も批判にさらされる可能性がある。

つまり、現状では児相弁護士の仕事は「ハイリスク・ローリターン」であり、報われない仕事なのだ。

こうした児相弁護士の惨状に鑑みて、弁護士業界が新たな「利権」として想定したのがスクールロイヤーなのではないか。よりリスクの少ない仕事で自治体から安定した顧問報酬を得られれば、弁護士にとって安定した経済的利益の確保につながるというわけだ。

実際に今、弁護士業界でスクールロイヤーはブームといってもいいほどで、各地で研修が行われるだけでなく、この一、二年で50以上の自治体が各地の弁護士会と提携してスクールロイヤーを導入している。教育法に詳しくなく、教員免許も持っておらず、教師の経験もない弁護士が、こぞってその利権に群がっているようにも思える。しかも、彼らの中にはすでに児相弁護士を担当している者もいる。

こうした状況を、弁護士業界は批判的に検討する必要があるのではないか。学校がスクールロイヤーを虐待対応で活用する際には、弁護士業界のこうした「利権」確保の思惑も考慮しておいてほしい。

弁護士は虐待から子どもを救えるか

弁護士業界の問題はともかく、一番の問題は虐待に苦しむ子どもである。スクールロイヤーは、虐待に関してどのような役割を果たすことができるだろうか。それを考えていきたい。それについては、すでにスクールロイヤーとして何度も虐待対応を担当している私の経験が参考になるかもしれない。

私自身は、児相弁護士の存在意義はもちろんのこと、スクールロイヤーと児相弁護士との連携や役割分担が非常に重要であることを実感している。したがって、虐待対応にスクールロイヤーを活用するにしても、児相弁護士の存在を無視して議論することはあり得ない。

以上のことを踏まえて、私が担当した案件に基づいて、具体的な虐待案件でスクールロイヤーはどのような役割を担うことになるかを紹介したい。

【ケース　7】

アオイは母と暮らす母子家庭の生徒だが、母が最近、ある男性と付き合うようになった。男性はアオイの家で同棲《どうせい》するようになったが、次第にアオイに暴力をふるうようになり、母もそれを黙認していた。また、男性は母と再婚する条件としてアオイを施設に入れるように要求し、母も再婚したいのでそう考えるようになった。アオイの担任のタナカ先生は、アオイが最近休みがちであり、また登校した日も表情が暗いため、家庭環境に何か問題があるのではと考えた。タナカ先生はアオイに聞き取りを行ったところ、前記の事実が判明した。タナカ先生は校長・教頭と相談し、直ちに児童相談所に連絡してアオイを一時保護するように求めたが、児童相談所からは緊急性がないので様子見するという回答であった。また、警察にも連絡したが、まだ事件になっていないという回答で対応してくれなかった。

このケースにおいても、児童相談所や警察が初動対応でまったく積極的に動いてくれなかった点は前述のケース6と同様である。しかし、ケース6と異なるのは、このケースでは担任のタナカ先生も校長も、すぐにスクールロイヤーの私に助言を求めてくれたので、初動対応から関与することができた点である。

では、スクールロイヤーとして私はどのように関わったか。まず私は、児童相談所の「緊急性が低い」という認識と対応を改めてもらう必要があると考えた。そこで、児童虐待対策を所管する厚生労働省子ども家庭局虐待防止対策推進室に電話した。状況を伝えて、見解を聞くとともに、同室から児童相談所に連絡してもらうことにした。また、警察庁生活安全局少年課にも直接電話して、所管の警察署に連絡してもらうことにした。

この対応は有効だったと思う。なぜなら、児童相談所や警察などの行政機関は、基本的に「上意下達」の官僚的思考で動くため、中央省庁からの連絡があればそのメンツを立てるために、現場判断では初動対応に消極的であっても動かざるを得ないからだ。また、教師からだけでなく弁護士からも連絡することで、案件が深刻で緊急性が高いと認識してくれるように思える。そして、実際に次の日には学校に児童相談所と警察から連絡があり、現状の詳細な情報収集と安全確認が行われることになった。

次に、私は前述の児童福祉法改正によって、すでに児相弁護士が配置されていることは知っていたので、所管の児相弁護士が誰かを教えてもらい、直接その弁護士に連絡を取ることにした。その弁護士がたまたま私と同じ弁護士会に所属する面識のある人物だったこともあるが、弁護士同士であれば、職業上厳格な守秘義務が課せられているため、虐待に関する個人情報であっても共有することは可能だからだ。

そして、児相弁護士と作戦を練り、その弁護士から児童相談所に「アオイを一時保護すべきである」とする助言をしてもらうことにした。さらに、母親と離婚したアオイの父の情報をアオイから聞き取り、実の父親に連絡して来校してもらい、アオイが高校を卒業するまでは実父が養育することを検討してもらうことにした。そして私は実父に、母親が持つ親権を実父に変更してもらう法的手続きをしてはどうかと助言した。

一方で、アオイ本人に対する説得は難航した。アオイとしては母親のことを母として信頼していたため、男性と再婚することが信じられなかったからである。しかし、この点は担任のタナカ先生や学年主任の先生が、アオイに懇々《こんこん》と説明した。母親の行動が母として根本的に間違っていることや、現状を考えた場合に男性の影響から離れる必要があることなどを理解させ、実父に親権を変更することを承認させた。

この間、私は子どもシェルターの責任者にも連絡を取っていた。アオイがもうすぐ18歳になることを考慮して、親権者変更の手続きが長期化すれば児童相談所の一時保護を受けられなくなる可能性があったからだ。私が子どもシェルターを運営する責任者の弁護士と面識があったことから、いざという時にシェルターに空室を確保してもらうように手配した。

その後、実父への親権者変更手続きに関しては、スクールロイヤーの私と、児相弁護士で話し合って、双方に面識のある弁護士を変更手続きの代理人として紹介した。そして、母親が自身の再婚を優先して親権変更をすぐに認めたため、実父に親権が変更された。この結果、アオイは実父の居宅に引っ越し、学校への通学を続けて無事卒業することができた。

このケースのように、スクールロイヤーがいれば、児相弁護士と連携して児童相談所に適切な対応を促したり、虐待されている子どもの生活環境を変更するために、様々な法的対応を検討することが可能である。虐待案件にスクールロイヤーが関与することは、確かに効果があるといえる。

しかしこれは、学校に日常的に勤務するか、学校を定期的に訪問し、教師と密接な関係を築いている「教師型」や「職員型」のスクールロイヤーでなければ難しいだろう。スムーズに情報のやり取りもできないし、子ども本人や関係者に直接会って多様な対応策を迅速に検討することもできない。したがって、虐待案件にスクールロイヤーを活用するとしても、「職員型」「教師型」のスクールロイヤーが増えなければ効果はないだろう。

今やるべき虐待対応

スクールロイヤーを虐待対応に活用するかどうかはともかくとして、現状の虐待対応に関して早急に見直し、ないし改善できる点はないだろうか。

まず、弁護士業界がやるべきことは、すでに配置されている児相弁護士が果たして本当に機能しているかどうかを、自省的に検証することである。

野田市の事件をはじめ、児相弁護士が活用されていない原因は何だろう。いろいろあるだろうが、私が推察するのは、弁護士に助言を求めたとしても法律論だけに立脚した「綺麗《きれい》事《ごと》」に終始しており、児童相談所にとって効果的ではないため、助言を求めなくなっているのではないか。このような傾向は、スクールロイヤーでも今後、同様に見られるようになるかもしれない。導入当初はスクールロイヤーが「救世主」のようにもてはやされても、中長期的には次第に活用されなくなるパターンである。

企業法務などの分野では法令やガイドラインが充実し、また契約書や法務部署の組織的なノウハウも存在するので、現場レベルでの法的感覚がそれなりに修練されている。一方で、学校問題や児童虐待では、契約書も法務部署もほとんど存在しない。発生する法的問題も法令や判例の少ない、いわゆるグレーゾーンのものが多いため、弁護士が杓子定規《しやくしじ》な法律論だけを助言したとしても現場レベルでの問題解決にほとんど役に立たない。学校問題や児童虐待の分野において弁護士の助言が機能しないのはそのためだろう。役に立たないとわかれば、学校も児童相談所も次第に弁護士に相談しなくなるのは当然である。

また、弁護士にとってみれば、判例などの存在しないグレーゾーンの問題について思い切った助言をすることには大きなリスクが伴う。前述したように児相弁護士は、その大半が非常に安価な報酬で相談業務を担っている。リスクを冒してまで助言するに見合う報酬になっていないことも、弁護士の助言が機能していない原因だろう。

したがって、この問題を解決するためには、児相弁護士がレベルアップを図ると同時に、児童相談所が弁護士に対して、リスクを冒しても有意義な助言ができるような相応の報酬を払うだけの予算を確保する必要がある。

では、スクールロイヤーにできることはあるだろうか。児相弁護士との役割分担の問題はあるにしても、もし配置されたとなれば、社会も期待を持つと思う。なぜならスクールロイヤーは、「子どもの最善の利益」を実現する弁護士であり、虐待はまさに子どもの利益が危機に陥っている状況だからだ。

スクールロイヤーはスーパーマンではなく、一発逆転の解決策を持っているわけではないが、といって無力なわけでもない。私がスクールロイヤーに対して虐待対応の場面で最も効果を期待することは、前述のケースのように、関係機関と相互の連携と業務の調整を行う上で、スクールロイヤーと児相弁護士が協働して「調整役」を担うことである。

スクールロイヤーの私と児相弁護士が対応策を話し合うとき、当然ながら対応の方向性について意見や価値観の対立はある。しかし、「学校がすべきこと」「児童相談所がすべきこと」をそれぞれの弁護士が的確に理解して、それぞれの依頼先に助言することはできる。

弁護士は職務上厳格な守秘義務を課せられており、法律というどの機関にも共通するツールを理解していることから、関係機関同士の情報共有や意見交流を踏まえた上での調整役に適している。関係機関が縦割り的発想に陥ることなく、迅速かつ適切に虐待対応をする際に、スクールロイヤーと児相弁護士が「調整役」として機能することが大切になる。

実際には、自治体には「要保護児童対策地域協議会（要対協）」という組織が設置され、児童相談所を中心に、行政、学校、警察などの関係者が情報共有し、連携してケースを検討している。しかし、要対協はなかなか連携が進まず、適切に機能しているとは言い難い。野田市の事件も要対協が設置されていた。しかし、教育委員会が父親にアンケートのコピーを渡してから女児が亡くなるまでの間の約一年間、学校と児童相談所が連携や情報共有をしていたのかは不明であり、要対協が機能していたかどうかもわかっていない。それに対して、スクールロイヤーと児相弁護士が中心となって、要対協が適切に機能するように「調整役」

を担当することは十分考えられる。

一方、政府には、前述の虐待保護者に対する厳罰化の他に、児童相談所の保護対象年齢を「18歳」を基準にしている現行の児童福祉法を改正することを求めたい。前述のケースもそうだが、児童相談所の一時保護対象年齢が18歳未満になっているため、高校生であっても、18歳に達している高校3年生は一時保護を受けることができず、極めて対応が困難になる。この規定は高校進学率がまだ現在ほど高くはなかった時代に作られたものであり、現在の高校生には合わない。時代遅れの規定であり、早急に改正したほうがよい。

法制度の改正が進めば、児童虐待はいじめよりも子どもを最悪の事態から救済することがはるかに容易である。その意識を、読者の方々とも共有したい。

第四章　不登校――多様な背景を見極め、調整役に

今の学校は不登校が当たり前

昭和の時代の学校に通っていた読者であれば、今の学校の朝のホームルームをどんなふうに感じるだろう。毎日誰も使わない机とイスが置かれている教室がたくさんある光景を想像できるだろうか。

私も昭和の時代に学校に通っていた一人だが、そのころと決定的に変化が見られる現象の一つが「不登校」だ。教師として出席確認をする際、いつも同じ生徒の欄に欠席の印を付けることはありふれたことである。

いつからこのような状況が学校で見られるようになったのだろうか。不登校の状況は、長期欠席の児童生徒の統計資料（文科省「児童生徒の問題行動・不登校等生徒指導上の諸問題に関する調査」）で調べることができる（図5）。

現在は欠席が30日以上の児童生徒が統計上「長期欠席」として扱われ、その理由の一つが

「不登校」だ。それ以外の長期欠席の理由は「病気」「経済的理由」「その他」である。しかし、文科省は平成の初めまで、欠席が50日以上の児童生徒を「長期欠席」として扱っており、平成9（1997）年度までは「学校ぎらい」という語句を用いていた。

昭和41（1966）年度の不登校数は、小学校が4430人で児童全体の0・05%、中学校が1万2286人で生徒全体の0・22%である。現在よりも圧倒的に少ないが、不登校が今から約50年前からすでに一定数存在し、しかも当時から小学校よりも中学校のほうが多かった点は興味深い。

一方、平成30（2018）年度の不登校数は、小学校が4万4841人で児童全体の0・7%（長期欠席者の53・4%）、中学校が11万9687人で生徒全体の3・6%（長期欠席者の76・7%）であり、小中ともに昭和41年度より大幅に増加している。特に、中学校の不登校の増加が目立ち、約30人に1人は不登校であることから、冒頭で紹介したように、各教室に不登校が存在する光景は統計上も示されている。

不登校の原因

不登校の原因はどのようなものだろうか。マスコミの報道やドラマのイメージなどもあり、不登校の原因の多くは「いじめ」にあると考えている人も多い。しかし統計上は、不登校で

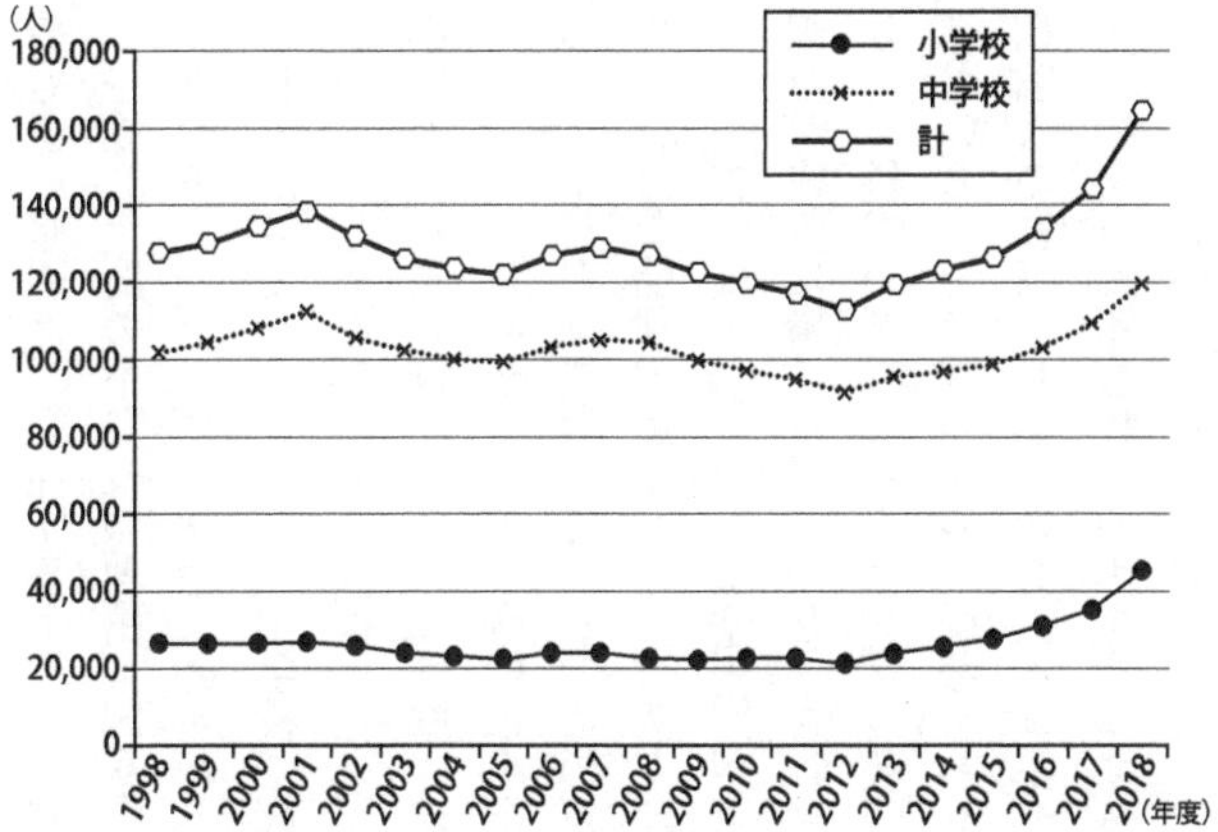

図5　不登校児童生徒数の推移(出典　図3と同)

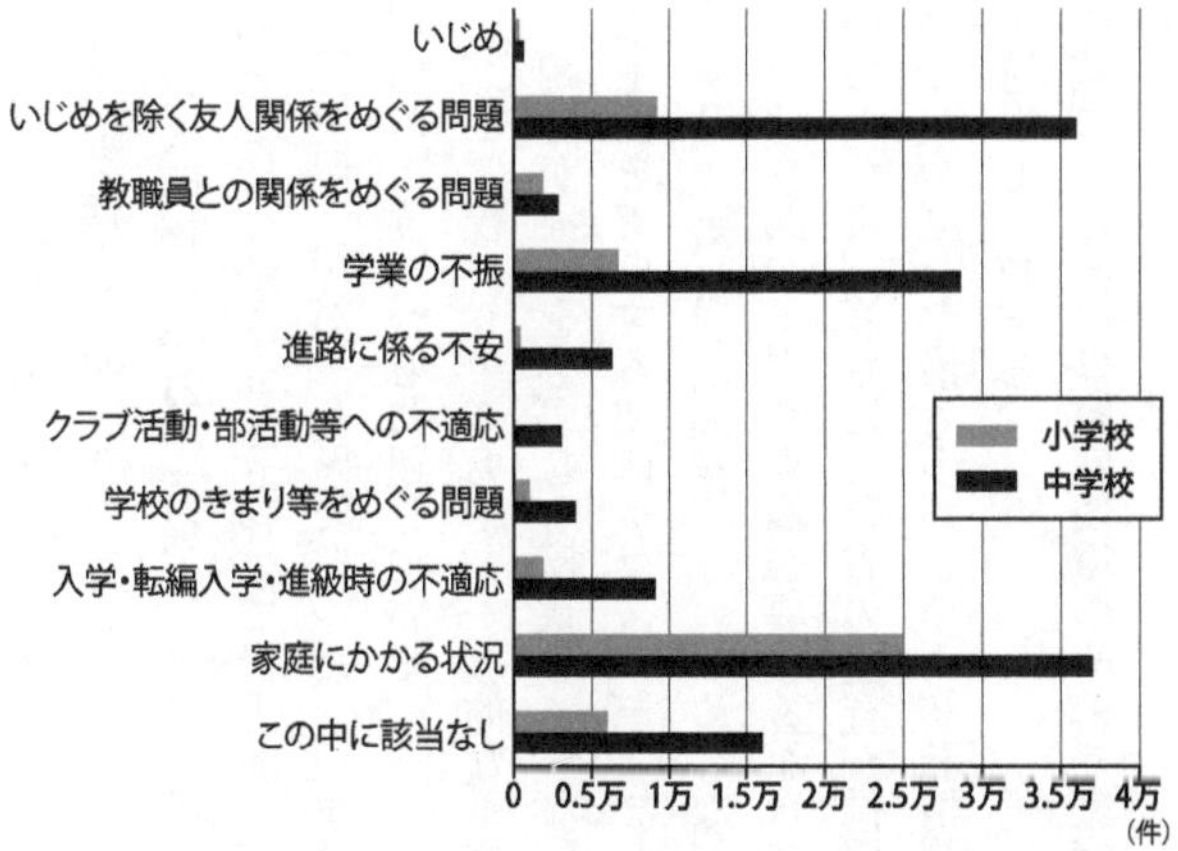

図6　不登校の要因(複数回答可)(出典　図3と同じ資料をもとに作成)

最も多い原因は、後述するように「家庭に係る状況（以下「家庭」と略する）」である。
平成30年度の不登校の理由（図6）は、小学校では「家庭」が55・5%（2万4901件）で最も多く、次いで「学校」のうち「いじめを除く友人関係」が21・7%、「学業の不振」が15・2%だった。また、中学校では「家庭」が30・9%（3万7040件）で最も多く、次いで「いじめを除く友人関係」が30・1%、「学業の不振」が24・0%であった。つまり、小中ともに不登校の理由は「家庭」が最も多く、理由の上位三つも共通している。

一方、いじめが理由の不登校は小学校で0・8%、中学校で0・6%で、一般的な不登校のイメージとは異なっている。この点については、統計が実態を必ずしも反映していないとする有力な批判的意見もある。例えば、不登校児童生徒を支援する団体やマスメディアが行った調査では、「家庭」が理由の割合はやや少なくなり、「教員との関係」「いじめ」などの割合が格段に増える。しかし、これらの調査結果もやはり拠《よ》って立つ立場が異なるからであり、文科省の調査よりもサンプル数が極端に少ないことから、直ちに文科省の調査が信用できないとまでは言い難い。少なくとも不登校の理由で「家庭」が最も多いという統計情報は、私個人の教師、およびスクールロイヤーとしての実感とも一致する。

このように不登校の原因を考察すると、不登校を減らすためには家庭環境の改善や家庭への支援が必要になると推測できる。

現在の文科省の統計で問題なのは、不登校の原因に「病気」が含まれないという点である。前述のとおり、文科省の統計では長期欠席の理由として、「病気」と「不登校」が区別されている。しかし、実際には病気の中にも様々なものがあり、中には「家庭」や「友人関係」といった不登校の原因と無関係ではない病気もある。

例えば、現在の学校では起立性調節障害と呼ばれる病気を理由とする長期欠席が多い。起立性調節障害には、朝なかなか起きられなかったり、立ち上がったときに気分が悪くなるなど、様々な症状がある。一般的には思春期に多い病気であると考えられており、医学的に確立した見解も治療法もなく、日本以外では病気と扱われていない場合もある。考えられている原因の一つが、「家庭」や「友人関係」に起因するストレスだ。

このように病気の中にも不登校の原因と密接に関連するものが含まれていることが推測できる。より重要なことは、「病気」を理由とする長期欠席は、小学校で児童全体の0・4%(長期欠席者の27・8%)、中学校で生徒全体の0・8%(長期欠席者の16・8%)であり、長期欠席の一定数を占めているという点である。

つまり、不登校の原因は家庭、友人関係、学業、病気の四つの原因が目立つことから、不登校に対処するためにはこの四つの原因に対処していく必要があると言える。また、実際の不登校にはこうした原因が複合的に存在している場合も多い。そのため、一つの視点からだけでなく、複合的に原因が存在する可能性も意識しなければならない。

教育機会確保法

2016年には不登校が深刻な今の学校の現状に対処するため、「教育機会確保法」が制定された。この法律では不登校が初めて定義された。定義は次のとおりだ。

「相当の期間学校を欠席する児童生徒であって、学校における集団の生活に関する心理的な負担その他の事由のために就学が困難である状況」

教育機会確保法は、国や地方公共団体に対し、不登校の児童生徒への対策を講ずる法的義務を規定し、「不登校児童生徒が学校以外の場において行う多様で適切な学習活動の重要性」と「不登校児童生徒の休養の必要性」の2点を法的に示している点に特徴がある。つまり、不登校児童生徒が学校以外で学習する権利と、しばらく学校に登校せずに休養する権利を法的に尊重したものと理解できる。

また、同法のガイドラインとして策定された「義務教育の段階における普通教育に相当する教育の機会の確保等に関する基本指針」は、「不登校は、取り巻く環境によっては、どの児童生徒にも起こり得るものとして捉え、不登校というだけで問題行動であると受け取られないよう配慮し、児童生徒の最善の利益を最優先に支援を行うことが重要」であるとして、不登校がいじめ同様にどの児童生徒にも起こり得ることを示している。確かに、前述の統計からは、不登校は中学校においては1クラスに一人は存在する割合だ。

ガイドラインが不登校児童生徒への支援として留意していることは、不登校児童生徒の意思を十分に尊重し、本人や保護者を追い詰めないよう配慮することである。そして、支援の目的は、「登校という結果のみを目標にするのではなく、児童生徒が自らの進路を主体的に捉えて、社会的に自立することを目指す必要がある」としている。

このように、教育機会確保法が制定されたことで、学校は不登校には教育的だけでなく法的にも対応していく必要があり、しかもそこで、学校以外の場で行われる多様な教育と、不登校の子どもたちに必要な休養を意識しなくてはならない。これまでの学校現場では重視されてこなかった価値観に基づいて対応していくことが求められることになった。

オルタナティブ教育は不登校に対応できるのか

2015年に文科省が行った「小・中学校に通っていない義務教育段階の子供が通う民間の団体・施設に関する調査」によると、その時点で民間の団体・施設は全国で470以上存在し、うち319の団体・施設に4000人以上の子どもが在籍している。団体・施設のスタッフの4分の1は教員経験者であり、平均の月額授業料は約3万3000円であった。こうした団体・施設は、一般的にフリースクールと呼ばれるものである。

一方、自治体も不登校の児童生徒のための施設を設置している。「教育支援センター（適応指導教室）」がそれである。文科省が19年に行った調査では、全国の自治体の63％で教育支援センターが設置されており、小学生で4000人以上、中学生で1万6000人以上が通学している。教育支援センターには公立だけでなく国私立学校の児童生徒も通学しており、高校生や中退者の生徒もいる。また、小中学生では9割近くの生徒が教育支援センターに通学することで在籍校でも出席扱いになっている。通学者が在籍校に復帰する割合は、小学生で約42％、中学生で約35％である。

こうした調査から、すでに学校以外の場で不登校の子どもたちが学びの場を得ている状況がわかる。

前述のように、不登校の理由は様々であり、短期的に解決できる原因ばかりではない。これまでの学校現場では、とかく学習と集団生活を営む上で必要な忍耐力を重視するあまり、子どもが抱えるストレスの複雑な背景や事情を軽視してきた面もある。その意味では、教育機会確保法が子どもたちの休養の必要性を示したことが大きな一歩であることは間違いない。

では、学校以外の場で行われる多様な教育の重要性が示された点はどうだろうか。学校以外の多様な教育のことを、「オルタナティブ教育」と呼ぶことがある。私自身は教師になる以前から、学校以外のオルタナティブ教育の意義を重視していた。それは、人生で必要になる能力や知識をすべて学校で習得することはもとより不可能であり、教師もそのような能力は持ち合わせていないからだ。

海外ではホームスクーリングやフリースクールといった学校ではない環境で教育を受けることや、シュタイナー教育などの学校教育とは異なる教授法で教育を受けることがあり、それらはオルタナティブ教育の代表例として認識されている。また、一般的には日本よりも海外のほうが、オルタナティブ教育が進んでいるというイメージがある。

しかし、実際には日本でもオルタナティブ教育は独自に発展している。その代表例が塾や予備校である。日本では大学入試に代表されるように、入試の難易度が他国よりも高く、また、文科省をはじめとする教育行政の「建前」が受験を目的とした教育を学校が行うことは好ましくないというものであるため、入試に合格するために塾や予備校に通うのが一般的である。また、興味深いことに、弁護士になるための司法試験についても同様だ。大学の法学部の授業が司法試験用の授業を行うことはほとんどなく、法曹志望者の多くは司法試験用の予備校に通う。このように、日本でもオルタナティブ教育は非常にさかんであり、学校の教育や教師よりも塾や予備校の教育や講師に愛着を持つ児童生徒もたくさんいるほどだ。

ところが、塾や予備校といった学校以外の教育の存在価値が広く認識されているにもかかわらず、日本では不登校の児童生徒に対するオルタナティブ教育の普及が進んでいるとは言い難い。例えば、日本では法的にもホームスクーリングやフリースクールでの単位習得は原則として認められていない。この点については、教育機会確保法の制定過程において、ホームスクーリングやフリースクールでの単位習得も認めるべきであるという意見が有力だったものの、結果的には見送られることになった。

私自身は、ホームスクーリングやフリースクールでの単位習得を現時点で認めるのは難しいと考えている。なぜなら、こうした教育での単位習得を認めるよう主張する論者の大半が、海外の成功例のみを根拠にしていたり、利権と結びついてしまっている状況がうかがわれるからだ。実際には、ホームスクーリングがさかんであるアメリカであっても、単位習得が認められるためには第三者によるかなり厳格な教育内容の認定が必要だったり、保護者が教員免許を持っている場合に限定するなど、条件はそれほど緩くない。また、アメリカのホームスクーリングの需要のほとんどは地理的要因や家庭の宗教的要因であり、日本の不登校とはかなり事情が異なる。そもそも、アメリカのホームスクーリングは多額な費用がかかるため、家庭の経済力が学校教育以上に影響を与えることも指摘されている。

フリースクールに関しては、確かにあらゆる子どもたちに広く門戸を開き、その意思を尊重しつつ、学習効果も上げているところも存在する。しかし、残念ながら、現在の日本におけるフリースクールの大半は、海外と日本の事情の違いが軽視され、設立者や支援者の偏った価値観に影響されたり、フリースクールならではの学習効果がほとんど実証されていないような、教育機関として問題のあるものが多い。特に、卒業後に子どもたちが社会で自立していかなければならない視点が軽視されているようにも思える。

義務教育ではない高校では、通信制高校が全日制高校のオルタナティブ教育としてそれなりに機能しており、不登校の生徒も多く受け入れている。最近ではN高校のように極めて多様な学習内容を提供する通信制高校も設立されており、オルタナティブ教育として十分に機能している例も見られる。とはいえ、問題も散見される。近年では三重県の通信制高校が飲食店で食事をとったことをもって家庭科の単位に、夜景を見学したことをもって芸術の単位に、それぞれ認定していた事実が発覚して問題になった。そのため、通信制高校もオルタナティブ教育として社会的信頼を得ているとは言い難い状況にある。

前述の教育機会確保法のガイドラインで示されているように、こうした学校以外の教育を支援する目的は、「児童生徒が自らの進路を主体的に捉えて、社会的に自立することを目指す」ことにある。したがって、ホームスクーリングもフリースクールも、この視点からオルタナティブ教育として機能し得るだけの内実を持てるように発展していくことが重要だろう。

積極的不登校は法的に保障された権利？

教育機会確保法が制定され、学校は不登校に法的に対応しなければならなくなった今、スクールロイヤーは不登校でも何らかの役割を担っていくのだろうか。いくつかのケースを考えてみよう（なお、いじめが原因の不登校は第二章参照）。

【ケース　8】
小学生のハルトは、学校で勉強する内容がつまらない、将来役に立つとは思えない、と感じ、保護者に学校に行きたくないと相談した。保護者は子どもの意思を尊重したいと思い、今後は体育以外の授業は学校に行かせず、ホームスクーリングで対応すると学校に申し出た。

このケースでハルトの意思は、学校に「行きたくても行けない」のではなく、「行きたくないから行かない」というものである。前述の教育機会確保法の不登校の定義では、「心理的な負担その他の事由のために就学が困難である状況」であるが、この事例は「就学が困難」であるとは言えなさそうである。

ところが、同法に基づく文科省令は、「何らかの心理的、情緒的、身体的若しくは社会的要因又は背景によって、児童生徒が出席しない又はすることができない状況」を不登校と捉《とら》えており、ハルトは「社会的背景によって出席しない」児童であるとは言えそうである。

では、ハルトが同法の不登校に該当するとして、保護者の申し出に学校は応じるべきだろうか。実は保護者は法律上、義務教育である小中学校に就学させる義務を負っている（学校教育法17条）。そして、保護者が学校に子どもを出席させない場合は、そのことについて「正当な事由」が認められなければならない（学校教育法施行令20条）。しかし、もしハルトが教育機会確保法上の不登校と認められるなら、「正当な事由」はあると言えそうである。したがって、保護者の申し出は正当であり、学校はホームスクーリングを認めることになりそうだ。もっとも、学校はホームスクーリングを認めるというより、こうした状況で長期欠席するハルトに対しても、小学校の修了認定を与えるという扱いになる。実際に、スクールロイヤーの大半も、そのように回答するのではないだろうか。

このケースの結論には、何か腑《ふ》に落ちないと思う読者の方もいるだろう。それは、教育機会確保法と学校教育法の就学義務の整合性が取れていないからだ。

ハルトのように、「学校には行く必要がない」と考える不登校を「積極的不登校」と呼ぶこともある。子どもの立場からすれば、学校以外の勉強を求める権利も学習権の一つとして保障される。しかし、一方で保護者の立場からすれば、法律の定める学校で義務教育を受けさせる義務を負っている。この二つはどちらか一方を優先すべきであるという関係ではなく、両者のバランスを考えなければならない。「学校に行きたくても行けない」という「消極的不登校」と異なり、積極的不登校は本質的な子どもの学習権が侵害されているわけではない。

例えば、学校に行きながら、学校以外の施設で自分が将来役に立つと思う教育を受けることも十分可能である。そのため、保護者の就学義務を最低限遵守させつつ、他の施設への通学を認めることで、子どもの意思も最低限尊重することが最も望ましい対応である。

しかし、現在の教育機会確保法は、このケースのような積極的不登校を他の不登校と区別していないため、就学義務との衝突が生じた場合、学校は保護者対応に苦慮する可能性がある。もし、このようなケースでスクールロイヤーに相談があった時は、不登校の子どもを持つ保護者の価値観と、読者の方々のような社会一般の価値観を、スクールロイヤーがどのようにバランスを考慮しながら法的に不登校に関わっていけるのか、悩むところだろう。

毎日我慢して登校している子どもたちには

では、次のような場合はどうだろうか。

【ケース　9】

中学生のミオは、数学や体育が苦手で、授業がある日は学校に行きたくないと考えているが、苦手なことも我慢して学ぶことが学校に行く意義であると保護者から言われているため、仕方なく毎日欠席せず登校している。ミオは数学の定期試験を受けたが、10点しか取れなかった。ところが、不登校で一学期間、登校していない生徒モモカに対して、数学は定期試験ではなくレポートを課したところ、50点の評価が与えられた。ミオと保護者はこのことに不満を持ち、毎日頑張って登校している生徒と不公平になるのは納得いかないと学校に苦情を訴えた。

このケースについては、ミオの努力不足で試験で得点できなかったのだから仕方がない、モモカはレポートを頑張ったのだから評価に差がついても問題ない、と考える読者の方もいるかもしれない。しかし、ミオや保護者が不公平だと考えるのも一理あるだろう。

このような場合は、数学教師の成績評価基準が重要になる。教師が公平に成績を評価するならば、試験の得点は取れなかったが毎日我慢して授業を受けているミオに配慮した成績を付けることは可能である。しかし、実際に公平な成績評価を行うのはそう簡単ではなく、教師にとっても負担が大きい。特に、このケースのように、不登校の生徒にも公平に配慮しなければならない場合はなおさらである。

現実には、日本の学校は一日も登校しなくても小中学校の義務教育期間は進級させている。つまり、一日も登校しなくても中学校までは卒業できるのだ。こうした状況は先進国ではほとんど見られない。なぜなら、海外ではアメリカやフランス、フィンランドなどのように、義務教育でも課程の修了を一年ごとに厳格に認定し、もし認定できない場合は留年させて学力を十分に養成する「課程主義」を採用しているからだ。

実は、日本でも法令上は「各学年の課程の修了又は卒業を認めるに当たつては、児童の平素の成績を評価して、これを定めなければならない」（学校教育法施行規則57条）として、学年ごとに課程の修了を認定する建前になっている。ところが、前述のとおり、実際には一日も登校しなくても小中学校は卒業が認定されており、この条文は「死文化」している。

私自身は、こうした日本の学校の「年齢主義」による運用は極めて問題だと考えている。毎日登校する子どもたちにとっても、不登校の子どもたちにとっても、どちらに対しても学校が、教育上の責任を果たしていないからだ。

毎日登校する子どもからすれば、一日も登校しない子どもと卒業認定が同じ扱いでは不公平に感じてしまう。特に学校に我慢しながらも毎日登校する子どもにとってはなおさらだろう。一方で、一日も学校に行かず、学力もままならないまま卒業認定される不登校の子どもからすれば、十分な学力を習得せずに社会に出ることになってしまい、将来大きなリスクを負うことになりかねない。

この点は本書で私が繰り返し述べるように、教育には「平等」だけでなく「公正」も重要であることの証左でもある。子どもたちを「等しく」扱うならば、どのような子どもであっても義務教育を形式的に修了させることも正当化される。しかし、子どもたちを「能力に応じて」公正に扱うならば、毎日我慢しながら登校する子どもと、不登校の子どもを同じに扱うことはできないし、不登校の子どもの学力を放置することもしてはならない。

読者の方々にはこのケースを通じて、不登校という問題の背景にある日本の形式的な年齢主義の運用が本当に妥当なのかを、ぜひ考えてほしい。

ピントのズレた不登校対応

最後に、教師として難しい不登校のケースを紹介する。

【ケース　10】
小学6年生のレイは、小学4年生の頃から不登校気味であり、6年生になった4月も一か月間まったく学校に来ていない。担任になったイトウ先生はレイのことを心配に思って家庭訪問をしたり、何度も電話をしたが、レイの保護者は登校を促すことに積極的ではない。保護者は配偶者と別居していて四人の子どもを一人で育てており、日中は働いていてほとんど家にいない。レイは兄弟姉妹の面倒も見ているが、同じ小学校に通う妹や、地域の中学校に通う兄も不登校気味である。イトウ先生はレイのために何とかしてあげたいと考え、しばらくイトウ先生の自宅からレイが通ってもよいと提案することを考えた。学校はどうすればよいだろうか。

このケースは不登校の理由に「家庭」が関係する典型例だ。

不登校の背景にある家庭問題は教師としては子どものためにもぜひ検討したい事項だ。私自身も教師としてそのような状況を経験している。レイの家庭環境が簡単に改善される見込みがない一方で、レイがあと少しで小学校を卒業してしまうことを考えると、イトウ先生が、できる限り早期にレイが学校に安定して登校できるような環境を提案することは、理解できる話である。

しかし、教師が教え子の家庭問題に必要以上に立ち入ることには極めてリスクが大きい。法的にも保護者の親権や婚姻中の夫婦の法的関係に干渉することは、大変難しいことである。日本の教師は時に「親代わり」になるべき立場だが、法律がそれを許さないのだ。

そのため、このケースのように、不登校の理由に深刻な家庭環境が存在する場合は、スクールソーシャルワーカーなどの学校と関わる福祉専門職に対応を委《ゆだ》ねたり、場合によってはスクールロイヤーに対応を委ねることにより、福祉部署との連携を取り計らってもらうことが現実的には望ましい。

とはいえ、おそらくこのケース10のような場合には、福祉との連携を図ったとしても、レイの家庭環境を劇的に改善し、安定して登校できるようにするのは極めて難しいだろう。保護者の経済状況や就労環境がすぐに改善されるわけではなく、結局は「対症療法」的な対応しか期待できないからだ。

これまで不登校の実態を紹介してきたが、その原因は極めて多様であり、学校だけで抱えられる問題ではない。にもかかわらず、教育機会確保法は、学校以外が担う福祉的・医療的対応についてはほとんど規定していない。とすれば、スクールロイヤーに求められることは、教育機会確保法に基づく法的対応だけにとらわれずに、不登校の原因を的確に理解して、様々な視点からの対応策が講じられるような「調整役」になることだろう。

例えば、不登校の子どもの学習状況に応じて教育支援センターの利用を促したり、家庭環境に原因がある場合は福祉との連携を促したり、精神疾患に原因がある場合は医療機関との連携を促したり、様々な選択肢を対案として示す中で、それぞれの対案で必要となる交渉や文書の作成などを担当することである。

その意味で、不登校対応もまた、今の教育現場の事情に精通した弁護士でなければ難しい。また子どもの状況を正確に理解するためにも、相談と助言だけにとどまらず、子どもに会える機会のあるスクールロイヤーが必要とされるだろう。

第五章　校則、そして懲戒処分——スクールロイヤーの腕の見せ所

ブラック校則はなぜなくならない？

校則は子どもの人権にとって、体罰と並んで昔からポピュラーなテーマである。特に近年は、社会常識に照らすとどう考えても不合理な「ブラック校則」の存在が議論の的だ。

ブラック校則の代表例は、次のようなものである。

①染髪を禁止する一方で、地毛が黒でない者は黒髪に染めるよう要求する。
②下着の色を指定し、指定した色の下着をはいているか教師が確認する。
③登校中に水を飲むことや、夏場の日焼け止めの使用を禁止する。

それぞれを法律的な観点から見てみよう。

①は、染髪を禁止する一方で、黒髪への染髪を強要する点でルールとして矛盾するだけで

なく、地毛が黒でない者の髪を黒に染色することは傷害罪に該当する可能性があり、それを強要するのは強要罪であり、犯罪である。

②は、下着の色を指定するのもすでに法的には議論がありそうだが、教師が生徒の下着の色を確認することは明らかなセクシャル・ハラスメントに該当し、違法であるし、強要すれば強要罪であり、強制わいせつ罪すら成立する可能性がある。

③は、水分を補給することや日焼け止めを使用することは科学的に正しい。そのような行為を禁止して、生徒の健康に被害が生じれば傷害罪にもなりかねない。

つまり、ブラック校則は、ただ変な校則というだけでなく、法的にも違法であり、犯罪に該当するのだ。

ではなぜ、現在もなお、こうしたブラック校則が存在するのだろうか。

前記のブラック校則の①②をはじめ、生徒から評判の悪い校則のほとんどは、「髪形」「服装」に関するものである。本来、髪型や服装は個人の自由に委《ゆだ》ねられる事項であり、憲法では自己決定権とも解される権利の内容である。しかし、日本の学校のほとんどは「髪形」「服装」に関して何らかの基準を規定する校則を設けており、しかも、その多くは「高校生らしい」「中学生らしい」といったあいまいな表現で基準が設定されている。

なぜ、日本の学校は「髪形」「服装」の管理・統制にこだわるのだろうか。

私は、日本社会の道徳観に由来すると考えている。例えば、就職活動の際に、金髪やジーンズで面接に臨む人間はほとんどいない。つまり、日本社会にはTPO（時・場所・場合）に相応の「髪形」「服装」を強く意識する道徳観が存在する。子どもの人権の立場から「校則のない自由」を主張する弁護士らも、自身が法律事務所の就職面接を受けた際に金髪やジーンズで臨んだ者は皆無だろう。

したがって、私自身は日本の学校が「髪形」「服装」に関して、何らかの基準を規定する校則を設けることには、日本社会の道徳観から考えて、一定の合理性があると考えている。

そこで、私が生徒に校則指導する際には、例えば黒髪を金髪に染めて登校してきた生徒に対してはこのように指導する。

「あなたが就職活動でも金髪を通すなら別に金髪で登校してきてもいいが、就職活動は黒髪にして教師の前では金髪にするならその理由を説明しなさい」

教える側、教わる側の礼儀や道徳観が、日本社会に全く存在しないわけではないからだ。

しかし、前記①②のブラック校則のように、社会常識の範疇《はんちゅう》を超えてまで「髪形」「服装」を統制する校則が存在するのは、教育関係者特有の道徳観に由来するとしか考えられない。

教育関係者に特有の道徳観

私は教師と弁護士の双方の仕事をする中で、教育関係者特有の道徳観を感じることが度々ある。その一つが、多くの学校で存在する「メールやSNSによる教師と児童生徒との連絡の禁止」というルールだ。このルールの目的は、メールやSNSを用いて、教師が児童生徒と不適切な関係になることを防止することにある。実際に、教師が生徒のLINEの連絡先を聞き出し、みだらな関係に至った事件は少なくない。

しかし、こうした事件はそもそも当該教師の人格こそが原因であって、メールやSNSという連絡手段が原因ではない。むしろ、メールやSNSには、教師の業務の効率を上げる効果があり、電話よりも記録や証拠として価値が高い。また、児童生徒も教師に悩みや相談事をする際、直接口頭でするよりも、メールやSNSのほうが伝えやすい。公的団体がいじめの電話相談をやってもあまり電話はかかってこなかったが、LINE相談にしたらとたんに相談件数が急増したという例もある。

実際に、私も担任クラスや部活動の生徒たちとの連絡事項はLINEを利用しているし、提出物や問題の添削の共有などにもグーグルドライブなどのクラウドを活用している。文字ならば日本語が不自由な保護者にも口頭で連絡するより誤りが少ない。

にもかかわらず、教育関係者は「メールやSNSで教師と児童生徒が連絡すること自体が道徳的に問題」と捉《とら》えて、連絡を禁止するルールを設けるのである。

私は、こうした教育関係者特有の道徳観が、社会常識よりも行き過ぎた統制を児童生徒に課すブラック校則の背景事情ではないかと考えている。

以下は推測でしかないが、一つの理由としては、日本の学校教育は本来は家庭で行われるべき「しつけ」を学校に委ねてしまい、学校と家庭の役割分担があいまいになっていることがあるのではないか。教師一人当たりの児童生徒数や1クラス当たりの学級規模が海外よりも多く、一人の教師がたくさんの子どもの面倒を見なければならない。また教師の生徒指導の負担も大きい。そのため、画一的なルールで統制したほうが生徒指導もやりやすいことから、行き過ぎた統制を生み出してしまうのではないだろうか。

白いマスクを強要したくない

ブラック校則の問題は、新型コロナウイルスの影響下の学校で新たなブラック指導を生み出した。その一つが「白いマスクを強制するような指導」だ。

私が相談を受けたケースは、校長からマスクは白を着用するように生徒を指導しなさい、という職務命令を受けた先生からのものだった。校長の意図としては、日本では医療機関でも白のマスクが一般的であり、清潔感があるということと、白以外のマスクだと不快感を持つ生徒もいるかもしれないから、ということなのだそうだが、相談当時はマスクの供給が逼《ひっ》迫《ぱく》し、白いマスクに限定すればマスクを着用できない生徒もいた。また、清潔感や不快感はあくまでも印象論であり、法的に生徒の行動を規制するにはあまりにも根拠が弱すぎる。そのため、この職務命令は違法性があると回答した（もっとも、実際にはこの先生が校長に掛け合って職務命令を中止させるのは難しいので、保護者からの苦情があったとして私から教育委員会に報告することにした）。

新型コロナウイルスは、オンライン授業や学校行事の在り方など、これまでの日本の学校の生活様式を大きく変えるような影響を与えている。マスクの着用もその一つだ。子どもたちだけでなく、教師もマスクを着用して授業しなければならない。私もマスクを着用して授業をしているが、とにかくやりづらい。とはいえ、マスクの着用は医学的にも新型コロナウイルス予防効果が認められているので、やむを得ないだろう。

しかし、この相談ケースのように、マスクの色まで指定するような発想は、やはりこれまでの科学的な根拠を軽視するような、行き過ぎた統制に慣れ切った教育現場の価値観が生み出したものだと感じる。教師がマスクを着用した上で、フェイスシールドも着用して授業する学校もあるそうだが、これも医学的には必要ない対応であり、行き過ぎた統制の例だろう。

校則の制定根拠と問題の核心

そもそも、学校が校則を制定できる法的根拠は何だろうか。実は、学校が校則を制定できると明記している法律はない。そのため、学説では、学校が一般市民社会と異なる部分社会であることを根拠に、自律的な規則を制定できるとする部分社会論や、学校と生徒の間の在学契約に基づき校則を制定できるとする在学契約説などが主張されている。しかし、前者は学校を一種の「治外法権」化させるおそれがあり、後者は小中学校が強制的な義務教育であり、公立学校は児童生徒が自由に契約して学校を選択できるわけではないことと矛盾する。

そこで、私は教員が児童生徒に対して懲戒権を行使できると学校教育法11条に規定されていることから、懲戒権を行使する際の「基準」として校則を制定できると考えている。懲戒は児童生徒にとっては不利益なことであり、教師が児童生徒に不利益を与える上では何らかの合理的な基準が必要だからだ。

そのため、校則の内容も合理的でなければならない。校則違反を理由とする退学処分が争われた裁判でも、校則内容の合理性がまず審査された上で、校長の退学処分に関する裁量権の濫用の有無が審査されている。もし、校則内容に合理性がなければ、そもそも守らなくてもよいということである。

校則の裁判で裁判所は、校則を定める合理的理由として「校風」といったものも挙げていることが多い。しかし、校風を理由とした校則は、少なくとも公立小中学校では合理性を持たない。なぜなら、小中学校は原則として住んでいる場所で半強制的に決まってしまうので、子どもに自分の好きな校風の学校を選択する権利がないからだ。

一方、義務教育ではなく、形式的には子どもに学校選択権がある高校はどうだろうか。私立高校の校則が争われた裁判でも、裁判所は一定の校風に基づいて他校よりも厳しい校則を設定することは否定していない。もし、その校則が嫌ならば、最初からその高校を選ばなければよかったからだ。

しかし、実はこのことは日本の校則問題が、法的問題以上の深刻さを抱えていることを意味する。日本では、一般的に「学力が高く、経済的に豊かな家庭層が通う進学校ほど校則が緩く自由な校風であり、学力が低く、経済的に貧しい家庭層が多く存在する荒れた学校ほど校則が厳しく管理統制が強い校風」だからである。つまり、経済的に豊かな階層は子どもに学力を与えやすく、さらに言えば、自由で伸び伸びとした校風の学校生活も経験させやすい。その一方で、貧しい家庭に生まれた子どもは、学力を身に付けて自由な校風の進学校に入らなければ、校則の緩い自由な校風を享受できないのだ。

もちろん、自由な校風の進学校で育ったエリート層は、荒れた学校でも校則の緩い自由な校風にすればいいと単純に思うだろうし、実際に弁護士の大半はそのような主張である。しかし、現実はそう甘くない。荒れた学校で、家庭環境もままならない生徒たちに対して、一定の学力と生きていく上で最低限の社会常識を身に付けさせるためには、厳しい校則で管理統制する必要性は否定できないからである。進学校の校則が緩いのは、それだけ生徒のことを信頼し、自己責任に委ねているからであり、そのために高い水準の学力を要求している。つまり日本の校則問題の根底には、「受験戦争で勝つことで自由と信頼を得る」というシステムが存在しているのだ。

したがって、小中学校の校則は合理性を判断し、合理性のない校則は守らなくてもよいと判断するのはたやすいのだが、高校はなかなかそう単純ではないのである。

「退学」させることは簡単か

では、校則違反を理由に生徒を退学させることはできるだろうか。

【ケース　11】
公立中学校で15歳の中学3年生ヨウが、他の生徒の財布を盗んだことが発覚した。この学校の校則では、「他人の物を盗んだ者は、退学にする」という規定はなかった。学校はヨウを退学させることはできるだろうか。

結論から言えば、このケースでは学校はヨウを退学させることはできない。二章でも述べたが、日本の公立小中学校は児童生徒を退学にも停学にもすることができないからである（なお、国私立小中学校であれば、停学にはできないが退学させることはできる）。

この中学校の校則には、財布を盗んだ者を退学にする規定がない。しかし、財布を盗む行為は「窃盗罪」であり、明確な犯罪である。また、ヨウは中学3年生であり、14歳以上なので犯罪は成立し、少年事件の対象になる（仮に、14歳未満であれば、「触法少年」として少年法の規定に基づき、まず児童相談所に事件が送致・通告される）。

このように、犯罪行為や違法行為に及んだ児童生徒に対しては、たとえ校則に規定がなかったとしても、学校教育法施行規則26条3項4号の「生徒としての本分に反した者」として、懲戒することは可能である。したがって、このケースでは退学にはできないが、ヨウに対して何らかの懲戒を与えることになる。例えば、保護者を呼び出して生徒とともに厳重注意（訓告）とし、更生させるための監督指導プランなどを示してもらうことが考えられる。

では、次のような典型的な校則違反の場合はどうだろうか。

【ケース　12】
ある公立高校では、「高校生らしい髪形にすること」という校則の規定があった。この高校に通う高校生ナオは、黒の地毛を茶髪に染めて登校したところ、教師から黒に染め直すように指導された。しかし、ナオは指導にしたがわず、その後も茶髪のままで登校を続けたところ、校長に呼び出され、校則に従わないのであれば自主退学するよう勧告された。

まず、このケースではこの校則自体の合理性も問題になる。前述のように、日本社会の道徳観からすれば、髪形に何らかの規制を設けること自体は不合理ではない。しかし、「高校生らしい」という表現は明確さに欠けている。このようなあいまいな表現だと、「どのような髪形であれば高校生らしいのか」という解釈の問題になるが、その際には生徒側の言い分はほとんど通らない。ただし、ナオが就職活動の際も茶髪で臨むならともかく、高校に通学する際だけ茶髪にするというのも筋が通らない。

したがって、「高校生らしい」というあいまいな表現であっても、「高校生らしい髪形」というのが常識として存在する可能性が否定できない以上、こうした校則が無効とまではいえないだろう。もっとも、「高校生らしい」髪形を強要するあまり、地毛が黒髪でない生徒を染髪して黒にするのは本章の冒頭でも述べたように犯罪行為であり、校則の合理性とは関係なく違法である。

では、校則に違反したことを理由に退学にできるのだろうか。校則は法律とは異なり、すべての人間を拘束するものではなく、その学校に在籍する生徒にのみ適用されるルールだ。本来、髪形は個人が自由に決められるものだから、法律でも髪形は規制されていない。そうした自由を制約する校則に違反したからといって、退学という生徒にとって最も不利益な処分を下せるのだろうか。

裁判例では、学校で児童生徒を退学処分にできる場合は、「児童生徒の行為の態様、結果の軽重、本人の性格及び平素の行状、当該行為に対する学校側の教育的配慮の有無、家族の協力、懲戒処分の本人及び他の生徒に及ぼす訓戒的効果、当該行為を不問に付した場合の一般的影響等諸般の要素に照らし、当該児童生徒に改善の見込がなく、これを学外に排除することが社会通念からいって教育上やむを得ないと認められる」ような、例外的な場合であると判断したものがある。この裁判例を一読すると、茶髪禁止の校則に違反した程度で生徒を退学にすることは難しいとも言えそうだ。

しかし、校則で定められているルールを無視する行動を継続する生徒がいれば、当然他の生徒も校則を守らなくなり、校則が事実上、死文化してしまう。裁判例が示すように、「当該行為を不問に付した場合の一般的影響」は、学校という集団生活を営む場においては非常に重要な判断基準である。そのため、ナオの茶髪以外の言動なども考慮し、最終的な処分を決めていく過程で、退学という手段を選択することもあり得る。もっとも、ナオの言い分をしっかり聞く手続きの保障も大切だろう。

なお、現場では懲戒処分として退学を言い渡すことは少なく、大抵はまずこのケースのように「自主退学」を勧告することが多い。これは、教育的配慮の一環でもあるが、自主退学ならば生徒の指導要録上は懲戒の記録が残らないからだ。しかし、実際の学校では、懲戒処分として退学に処すまでには至らない程度の証拠しか持っていないがために、執拗《しつよう》に自主退学を勧告して生徒を退学させようとするケースも多い。

懲戒処分はスクールロイヤーの腕の見せ所

校則、非行、退学、停学、自宅謹慎、別室指導など、ルール違反や懲戒に関する相談はスクールロイヤーにとってかなりの相談件数を占める。懲戒処分は「教育的根拠に基づいた、純粋な法律問題」であり、まさにスクールロイヤーにとって腕の見せ所である。

スクールロイヤーが絶対にやってはいけないことは、懲戒処分を受ける生徒の人権問題としてのみ理解することだ。学校は集団生活を営む場であり、懲戒処分を受ける生徒の存在だけを考えて助言すると、必ず方向性を見誤る。例えば、懲戒を受ける加害生徒との関係では、被害生徒も同じ学校に在籍している可能性もあるし、他の生徒に与える影響も考えなければならない。弁護士は仕事柄、一方の当事者からの言い分しか聞かないことが多いため、学校が集団生活を営む場であり、様々な生徒が存在していることを忘れがちだ。

私が関わったなかでも、懲戒処分がスクールロイヤーのセンスを問うかのようなケースが多々ある。

例えば、男子が女子に校内で痴漢行為をしたというケースでは、被害女子自体の感情はさほどではないものの、周囲の女子生徒や保護者の処罰感情が強かったことから、そのことも処分の程度に考慮しなければならないこともあった。

暴力沙汰《ざた》になったケースでは、加害生徒が比較的重い発達障害であったり、外国人などの社会的マイノリティの事情があったり、処分の条件として医学的・福祉的な対応と連携した対案を講じなければならない場合もあった。

このように、懲戒処分でスクールロイヤーが考慮しなければならない学校現場の事情は多様であり、非常に難しい判断が求められることが少なくないが、まさに「子どもの最善の利益」を実現するために何を考えなければならないかといった、スクールロイヤーのやりがいを最も感じられる場面でもあるし、スクールロイヤーの能力を一番判断しやすいのは、おそらくこうした懲戒処分の場面である。

処分を受ける子ども、周囲の子ども、そして教師。あらゆる関係者の立場に立って、最も教育的かつ法的に妥当な処分が何かを教師とともに考えていく懲戒処分の場面は、弁護士にスクールロイヤーとしての素養やセンスがなければ難しい。同時に、読者の方々には、日本の教師が法的に与えられた手段がほとんどない中で、教育者として悩みながら子どもたちにとって最も適切な懲戒処分は何かを模索している現実をぜひ知ってもらい、法改正に向けた議論を進めてほしいと願っている。

第六章
保護者対応
――弁護士会の見解は真っ二つ

一様ではないモンスター・ペアレント

本書を読んでいる大半の方にとって、学校と保護者のトラブルと聞いて真っ先に思い付く言葉は「モンスター・ペアレント」ではないだろうか。

元々はアメリカで児童を虐待する保護者に対して用いられていたらしいが、いつしか日本では学校に理不尽なクレームをつける保護者を指すようになった。10年ほど前にはそれほど一般的ではなく、20年前はほとんど聞かれなかった言葉だ。

保護者からのクレームはかつてもあっただろう。しかし、「モンスター」とまで形容されるような理不尽さになったのはいつだろう。それについて統一的な見解は得られていない。研究上は1990年代から2000年代にかけて目立つようになったとする説がある。

私が教師を始めたのは2000年代だが、そのころには保護者からのクレームが現場の教師を悩ませているという現象は存在していた。しかし、私が生まれたころに教師になったべテランの先生たちに聞くと、1980年代までは確かに保護者からのクレームはほとんどなかったようである。当時は、公立学校で「校内暴力」などが問題になっていた時期だが、その一方で保護者のクレームは今ほど問題になってはいなかった。ベテラン教師の実感からしても、保護者の理不尽なクレームが昔よりも増加したというのは真実だろう。

保護者のクレームが増加した原因については、研究上もそれほど明らかになっていない。有力な説としては、1980年代に「校内暴力」「いじめ」「学校ぎらい」といった現象が発生し、学校や教師の威信が低下していく中で学校生活を送った世代が大人になり、学校への信頼がそもそもそれほどない保護者が増えた、というものがある。また、一昔前であれば教師はそれなりの社会的ステータスが得られていたが、現在では保護者のほうが教師よりも学歴が高かったり、閉鎖的な学校で仕事をしてきた教師よりもよほど視野の広い保護者が多くなったりしたことも原因として主張されている。

ただ、私自身は後述するようにクレームをつける保護者というのは今でもごく一部であり、その理不尽さがひどかったり、執拗《しつよう》さで悪目立ちして、あたかも多くの保護者がクレームを主張するようになったような印象操作がなされている感覚も持っている。実際には、大半の保護者は今でも日本の学校教育と教師に信頼と期待を寄せている。

むしろ、日本の学校教育が海外と比べても献身的な教師の過重労働に支えられ、授業、担任、部活動から家庭がやるべき指導まで、ワンストップサービスで面倒を見てくれる特殊性に大半の保護者が気づいておらず、当たり前のように感じている空気こそが、クレームを過激化させてしまう原因なのではないだろうか。このことは、海外で暮らしてみると、交通機関がほぼ定時で運行され、夜でも近くにコンビニや自動販売機があるといった日本の生活の便利さが実感できることとよく似ている。

仮に、理不尽なクレームをつける保護者を「モンスター・ペアレント」と呼ぶならば、そうした保護者は現実に存在する。しかし、スクールロイヤーとしての経験からすれば、一口にモンスター・ペアレントといっても保護者のクレームは多種多様であり、もう少し丁寧な分析が必要だと考える。

まず、私なりに「モンスター・ペアレント」を分析してみたい。

第一に、明らかに不法なクレームをつける保護者である。教師を脅迫したり、不法なことを強要したり、学校が対応できそうにないクレームを執拗に繰り返すのがその例だ。こうした保護者は、モンスターかどうかというよりも、そもそも脅迫罪、強要罪、業務妨害罪といった犯罪行為に及んでいる。したがって、学校ではなく警察が対応すべきケースである。

第二に、保護者のクレームの内容や態様が不法ではないが、理不尽なものである。自分の子どもだけを優先してほしいという自己中心的なもの、客観的事実に反する主張を譲らないもの、偏った被害者意識に基づくものなどである。こうしたクレームは、学校が集団生活を営む場であることを理解せず、相手の立場に立って考えられない保護者に見られる。

第三に、教師に過失があるのは事実だが、不寛容で過失を一切許そうとしない保護者がクレームをつける場合がある。これはある種の正義感に基づいたものとも言えるが、教師も人間であり、時として過ちを犯す。教師に完璧《かんぺき》な人間像を求めたり、子どもに対する行為に過ちがあってはならないという厳格な教育観が災いして、それを許すことができない不寛容な態度を教師にも示してしまうのである。

ちなみに、教師に過失があるならば、保護者が何らかの要求をするのは当然であり、そもそもモンスター・ペアレントに該当しない。にもかかわらず、かつては学校や教師に多少過失があっても保護者が何らかの要求をすることが少なかったため、この点をもって保護者のクレームが増えたと考える教師もいる。

第四に、保護者のクレームが教育観の相違に基づく場合である。これは、教育現場独特のトラブルといってよい。例えば、校則が厳しい学校に通う生徒の保護者が、校則のない自由な教育観に基づいて、学校の行き過ぎた校則指導にクレームをつける場合である。なぜこのようなトラブルが生じるかと言うと、学校教育は誰しもが一度は受けたことがあるからだ。

保護者は自分の受けた教育経験に基づいて独自の「教育観」を形成する。経験という根拠があるので、教育観自体が間違っているわけではない。教育は誰もが経験し、容易に素人的意見を持ち、言うなれば誰もが「教育評論家」になれる素養を持っている。

　このことは、例えば、銀行に対する消費者のクレームが、独自の「金融観」なるものに基づいて行われることは滅多にないことを想像するとわかりやすい。金融は誰もが経験するものではなく、教育よりも専門性が高いため、素人的意見を持つのは容易ではない。

　実のところ、スクールロイヤーにとって保護者のクレーム対応は、いじめ対応と並んで最も期待される役割として中央教育審議会や文科省は想定している。しかし、彼らが前述のように保護者のクレームを緻密《ちみつ》に分析しているかはわからない。どちらかと言えば、マスメディアの報道が作り出した印象論の域を出ない「モンスター・ペアレント」像を想定して、スクールロイヤーを投入しようとしているようにも思える。

　一方で弁護士会は、保護者対応にスクールロイヤーを投入することに積極的な立場と慎重な立場で真っ二つに分かれている。前者には民事介入暴力を専門とする弁護士が多く、後者は子どもの権利を専門とする弁護士に多い。スクールロイヤーが保護者対応でどのような役割を担うべきかは重要な争点でもあるのだ。

クレームへの対応

ではスクールロイヤーは保護者のクレームにどう対応するか。私がスクールロイヤーとして経験した実際のケースから紹介したい。

保護者のクレームは法的には二つに区別できる。一つは教師に過失がある場合だ。この場合、学校は保護者のクレームに対して対応する法的義務がある。しかし、実際には教師に過失があるかどうかは明確にわからないことが多い。このため、保護者のクレームが教師にとって理不尽に感じられることもある。例えば、次のようなケースはどうだろうか。

【ケース 13】
ヤマモト先生は児童のカイトが何度注意しても提出物を期限までに出さないことが続いたので、「ルールが守れないならもう学校に来なくていい」と注意した。すると、カイトの保護者から「子どもに対して学校に来るなというのは人権侵害である」とクレームがあった。

スクールロイヤーに対する学校からの相談で典型的なのが、「保護者から『教師が子どもに暴言を吐いたので、謝罪してほしい』とクレームがあった。どうしたらいいだろうか」というものだ。スクールロイヤーの多くは子どもの権利が専門の弁護士である。そのため、学校からだけでなく、子どもの権利が専門の一般の弁護士として、保護者からも「子どもが教師から暴言を吐かれたので学校を訴えたい」といった相談を受けることもしばしばある。

いずれにせよ、実際に教師の発言が「暴言」かどうかは言葉だけでなく、前後の事実の経緯も確認しなければ判断できず、一方の当事者から事情を聞いただけではよくわからない。

ケース13では、教師がもう少し違う言葉で児童を注意していれば、保護者がクレームをつけることにはならなかったのではないか、と考える人も多いと思う。ただ、私自身はケース13のヤマモト先生の注意指導は、適切だったとは言えないまでも、法的な過失とまでは評価できないと考える。提出物を期限までに出すことの大切さを子どもに教えるという教育目的があり、「ルールが守れないなら」という条件も付して注意しているからだ。

保護者のクレームのもう一つは、教師に過失がない場合である。このときに注意することは、教師に過失がないからといって法的に対応すべき義務がないとは限らないという点である。例えば、次のようなケースを考えてみよう。

【ケース　14】
ワタナベ先生は担任クラスの児童シホから、「先生に相談があるから放課後に聞いてもらえますか」と言われたが、放課後は職員会議があり、勤務時間を過ぎてしまうので、「明日にしてもらえる?」と答えた。すると、シホの保護者から「なぜすぐに相談に乗ってくれなかったのか」とクレームがあった。シホが相談したかったのは、ワタナベ先生が担任する同じクラスの子からいじめられているという内容だった。

保護者からすれば、我が子が大切な相談をしたいのにすぐに応じてくれなかったのはどういうことか、という思いでクレームをつける気持ちも理解できなくはない。しかし、ワタナベ先生の対応は、教師としてはともかく「労働者」としては適切な対応であり、過失があるとは言えない。

問題はシホが相談したかった内容が「いじめ」である点だ。いじめ防止対策推進法は、児童生徒がいじめを受けているとの通報を受けた時や、いじめを受けていると思われる時は、「速やかに」いじめの事実の有無の確認を行うための措置を講じなければならないと規定している(23条2項)。

もし、シホがワタナベ先生に相談したいと申し出た際に、「いじめの相談をしたい」と話していたら、ワタナベ先生の対応は法的義務に違反することになる。また、仮にシホがそうした話をしていなくとも、直近の様子などから何かいじめを受けているのではないかと推測できるようだったならば、やはり法的義務に違反する可能性がある。

つまり、保護者のクレームは法的には正当であり、ワタナベ先生は直ちにクレームに対応していじめの事実の有無を確認しなければならなかった。仮に、スクールロイヤーが一般の弁護士の立場で保護者から依頼されたならば、当然教師の対応のこうした法的問題点を批判するだろう。

このケースのポイントは、担任教師のワタナベ先生自身に直接過失があったわけではない点である。ワタナベ先生のクラスでいじめが発生したということだけで、ワタナベ先生に過失があるとは言えないからだ。しかし、教師に過失がないとしても、いじめのように、保護者のクレームに応じる法的義務が生じる場合には、その法的義務違反が過失だと評価されることがあるのだ。

そして、実際の教育現場はもっと過酷である。例えば、ワタナベ先生がシホからの相談を受けるのを断った理由が職員会議や勤務時間ではなく、同じクラスの他の児童のいじめに係る相談を受けるために時間的余裕がなかったからならどうだろうか。つまり、同時並行で別々の「いじめ」の対応をしなければならない場合である。

この場合も、シホの保護者からすれば、我が子のいじめの相談にすぐに乗ってくれなかったのだから、クレームをつけるだろう。しかし、ワタナベ先生としては、担任として一人で何人もの子どもたちの面倒を見なければならないのに、ある子どもの相談を優先させたことをもって別の子どもの保護者からクレームがくるのは理不尽に感じるだろう。

もっとも、スクールロイヤーが保護者側の弁護士と同じように、教師の対応のまずさを指摘するほうがよいのかは別問題である。現に、私はこのケースで教師の対応がまずかったとは助言していない。むしろ、担任のワタナベ先生と児童シホの普段のコミュニケーションの程度や信頼関係の有無などを詳しく聞いて、先生の対応が法的には問題なかったと助言した。そして、今後シホからいじめの事実の聞き取りをする際に、ワタナベ先生が立ち会うべきかどうかという点について検討してもらうことにした。これは、スクールロイヤーとはいえ、時と場合によっては、自分も教師としてワタナベ先生と同じ対応をする可能性が否定できなかったからである。

教師と保護者の「合理性」は重ならない

教師と保護者のトラブルの原因の一つには、それぞれに子どもに対して負っている責任の違いを相互理解できていない場合が考えられる。つまり、保護者は我が子に対して、教師は学校に在籍する子どもたちに対して、それぞれ責任を負っており、それぞれの立場で「合理的」に考えて行動するのだが、お互いが考えている合理性が異なるのである。

学校に絶えずクレームを繰り返す保護者の中には、社会人として立派な仕事をしている人も少なくない。また、保護者は当然ながら、大人としての社会常識を踏まえた合理的思考を持ち合わせているはずである。

しかし、保護者の立場で考える合理的思考は、教師にとって合理的とは限らない。保護者は自分の子どもだけに責任を持てばよく、自分の子どもに利益になることを目指し、不利益になることを避ける行動が合理的である。そういった保護者ほど、「仕事はプロに任せるのが合理的」と考えるがゆえに、「教師は教育のプロなのだから、自分の子どもを優先しながら他の子どもの面倒を見るのものだ」と教師に期待する。

しかし、教師が教育のプロであっても、一人で何十人もの子どもの面倒を見るのは容易ではない。そのため、保護者が合理的な思考で教師の能力に期待しても、教師にとっては理不尽に感じられてしまうのである。

そして教師という仕事は、必ずしも合理的思考だけで成立するものではない。徹底した合理主義を貫くならば、仕事の優先順位を的確に付けるだろう。つまり、場合によっては子どもの対応に優先順位を付けなくてはならない。こうした仕事のやり方は、おそらく教育学部で学ぶ「建前」には含まれない。子どもの権利を専門とする弁護士の多くからも批判されるだろう。どの子どもに対しても「平等」に教育しなければならない平等主義と、一人の教師が何十人もの子どもに対応するために優先順位を付ける合理主義は、本質的に相容《あいい》れないのである。

私自身も教師の仕事は合理的思考だけではやっていけないと考えている。そこで、私は平等だけでなく「能力に応じて」という、もう一つの教育の条件に基づいて、子どもたちを「公正」に教育することを心掛けている。つまり、子どもの能力に応じて、対応の「程度」を変えるのである。本書で繰り返し述べているように、教育現場では「平等」よりも「公正」さが大切だと私が考える所以である。

保護者と教師の信頼関係

教師と保護者がお互いの「合理性」をふりかざしているだけでは子どもたちのために良い学校を作っていくことは難しい。そこで、双方が双方の合理性を理解していく必要がある。

前述のように、保護者としては、自分の子どもにとって利益になることを目指し、不利益になることを避ける行動が合理的である。しかし、自分だけでなく、どの保護者も同じように考えていることを知ってほしい。また、教師が一人で何十人もの子どもに対応するためには、やむを得ず優先順位を付けて合理的に行動せざるを得ないことにも思いを致してほしい。

一方、教師もまた、保護者が子どもの利益のために行動している点に理解を示し、教育のプロとして保護者の期待に応《こた》えられるよう努力する姿勢を見せる必要がある。

マスメディアの影響もあって、今の学校現場は保護者と教師の対立関係が目立ち、「モンスター・ペアレント」に日々教師たちが疲弊している印象があるが、実のところ、教師に積極的にクレームをつける保護者はごく一部であり、しかもその中で理不尽なクレームを繰り返す保護者となると、多くても各学校に数人くらいしかいない。そのごく一部の保護者が一人でも減れば、換言すれば、そうした保護者と一人でも信頼関係を築ければ、教師の負担は大きく減るのである。

教師が子どもに「等しく」対応するのではなく、子どもの能力に応じて「公正」に対応する必要性を、保護者が理解すれば信頼関係につながっていくだろう。保護者との信頼関係ができることほど、教師にとって仕事がやりやすくなることはない。それが物凄く難しいことなのは私自身も教師を経験して理解しているが、それがより良い学校を築く第一歩である。

ただし、保護者の中には子どもに対して合理的に行動する親心すら持ち合わせていない人間もいる。もし、保護者の言い分に合理性すら認められない場合、つまり子どもの利益ではなく、自分の利益しか考えていないようなときには、教師は「親代わり」をしなければならないだろう。虐待や貧困はまさにそれに該当する。教師は保護者に代わって子どものためにできること、例えば福祉の専門機関に取り次ぐことを考えなければならない。

教育観の相違に基づくクレーム

以上は「合理性の衝突」に基づく教師と保護者のトラブルを解決する方策だが、トラブルの原因としてもう一つ、よくあるのは「教育観の衝突」である。実は、こちらの場合のほうが解決は容易ではない。

前述のように、保護者も一人の教育評論家である。とりわけ、実社会でそれなりの社会的地位や収入のある保護者ほど、成功体験に基づいた独自の教育観を持ち合わせている。こうした経験論的な保護者の教育観が教師の教育観と衝突して起きるトラブルは、最も解決しづらいと私は感じている。

実際は保護者の成功体験に基づく教育観が子どもにも適合するとは限らない。むしろ、そうした教育観を押し付けられてプレッシャーを感じる子どももいるだろう（「教育虐待」と呼ばれる現象はこうした場合に生じやすい）。しかし、こうした保護者に対しては、教師が教育のプロとしての教育観を示したとしても、かえってトラブルが長期化することになりかねず、結果的に子どもの利益にならないことが多い。

したがって、「教育観の衝突」によるトラブルを解決する方策はなく、「平行線」である。法律問題ではないので、本質的には学校も保護者も互いに譲る必要がない。

とはいえ、当の子どもは、両者の衝突で影響を受けるので迷惑な話である。そこで、スクールロイヤーが子どもの最善の利益の観点から、子どもにとって利益にならない保護者の価値観なら、学校に代わって保護者と交渉する余地はあるだろう（実際に、私も何度かこうした保護者と対峙《たいじ》したことはある）。

民暴専門？　子ども専門？

「モンスター・ペアレント」への対応で日々疲弊する教師たち。そんなニュースが報道されている今、スクールロイヤーが保護者対応の「救世主」として投入されるような印象を読者の方々も受けるかもしれない。しかし、前述したとおり、弁護士業界では二つの考え方が対立している。

一つは保護者対応をクレーム対応の一種として捉《とら》え、不法だったり、理不尽なクレームから教師を守るために、スクールロイヤーを積極的に活用する考え方である。この考え方は主として民事介入暴力対策を専門とする弁護士から主張されており、保護者のクレームを「教育対象暴力」と位置づけた実務書も刊行されている。また、中教審の「チーム学校」答申も、保護者対応に弁護士を活用すべきであると提言している。こうした考え方からは、スクールロイヤーは言わば学校の「用心棒」としての役割を期待されていることがわかる。

実際に、今にも校長室に押し掛けてきそうな保護者がいる場合に、弁護士に同席してほしいという現場の要望はかなりあり、私も何度も同席したことがある。

例えば、これまでもたびたび威圧的な要求を繰り返してきた保護者が校長室に押し掛けてきた際に、弁護士の私が同席していたことで、保護者の態度がいつもとは全く違っていたことがあった。「弁護士に教育のことがわかるわけがない」と威圧的に自己の教育観を押し付ける保護者に対して、「私は教師もやっています」と反論して一蹴《いっしゅう》したこともある。「うちの子どもは絶対に盗みをしていない」として、頑として否認する保護者に対して、客観的証拠を示して校長と一緒に説得したこともある。

保護者面会にスクールロイヤーが同席することが事件の流れを一転させることもある。例えば、保護者が弁護士を同伴して校長室にやってくる場合である。

こういったケースでは、大半において、弁護士は保護者から聞いた一方的な言い分と事実関係しか知らない。「私の子どもは何も悪いことをしていない」という保護者の言い分だけで組み立てられたストーリーだけを聞かされている。これは一方の当事者の代理人として行動するのが弁護士の仕事なので、致し方ない面もある。

もっとも、私のように教師もやっていて、学校のことに精通した弁護士なら、たとえ保護者から相談を受けたとしてもその言い分や事実関係が不自然である点に容易に気づくはずだ。

しかし実際はそんな弁護士は少数である。

そのため保護者側の弁護士として学校に来て、スクールロイヤーが同席する校長室で初めて聞かされる事実もたくさんある。そうすると、保護者側の弁護士もさすがにそれ以上の理不尽な要求はせずに、一旦《いったん》話を持ち帰って保護者を説得してくれることも多い。このように、保護者側が弁護士を同伴して学校に来るケースは、学校にとって一見ピンチに思われるようでも、スクールロイヤーが面会に同席することでチャンスに変えられることがあるのだ。

弁護士会で対立している二つの意見のもう一つは、保護者対応をクレーム対応としてではなく、子どもの最善の利益を実現するための一意見として扱った上で、子どもの利益の観点からクレーム内容の法的問題点を判断するためにスクールロイヤーを活用する、という考え方である。この考え方は主として子どもの権利を専門とする弁護士から主張されており、保護者対応にスクールロイヤーを投入することには慎重である弁護士が多い。

日弁連の意見書も保護者を単純にクレーマーとして扱うことは適切でないとして、「学校は、保護者との関係では、適当な距離を保ちつつも、信頼関係を絶やさないよう配慮し、学校、子ども、保護者の三者の継続的な信頼関係の土台を構築した上で、法律のみならず、教育や福祉等の視点を取り入れながら、関係調整を図っていく作業が求められる」ことから、スクールロイヤーはこうした観点から学校に助言する弁護士であると提言している。

私自身も、スクールロイヤーが保護者対応に関わる場合は、学校と保護者の信頼関係、より正確にいえば、担任などの個々の教師と保護者の信頼関係を破壊しない助言を行うことが前提だと考えている。なぜなら、保護者のクレームは他の領域のクレームと異なって、その背後には子どもが存在するからだ。保護者が学校と敵対的だからといって、子どもまでそうとは限らない。そのため、子どもに対して責任を負う立場にない弁護士を使ってまで保護者を一方的にクレーマーとして扱う考え方は、少なくとも教育現場では適切ではない。その意味では、私の考え方は後者に近い。

しかし、実際には、学校と保護者の信頼関係がすでに破綻《はたん》した状態でスクールロイヤーの助言が求められる場合が大半である。そのため、私は次のような三つの方法を心掛けている。

一つ目は、保護者の要求内容を的確に理解した上で、まず学校に今後どのような経過をたどるかの「見立て」を示すことだ。信頼関係の回復がもはや不可能だったり、平行線をたどらざるを得ない状況であれば、早期解決を図るために毅然《きぜん》とした対応をするよう助言する方法である。例えば、もはや解決の見通しが立たない状況下で、保護者が毎日のように電話でクレームをつけてきて、教師がその対応に忙殺されて授業の準備もできなくなっている場合などは、信頼関係の回復や合理的な妥協案を見出《みいだ》すためにこれ以上の時間をかけるのは非効率であると考えられるし、他の子どもたちに対する教育がおろそかになってしまうことは絶対にあってはならない（法的にはこちらのほうが問題である）。こういった場合は、ある意味で学校が教育的対応をこれ以上する必要もない。

「申し訳ないが、これ以上は学校として対応することはできません」

「これ以上電話を続けるようであれば、申し訳ないが法的措置を検討せざるを得ない」

と回答し、警察などに相談することが肝要である。

もっとも、スクールロイヤーを担当するほとんどの弁護士は保護者対応をした経験がないので、教師が保護者に対して「毅然」と対応することがそれほど容易ではないことが実感としてわかっていない場合が多い。しかも、保護者と教師の信頼関係が破壊されていても、教師と子どもの関係はそこまでには至っていなかったり、子ども自身は教師に信頼を寄せていることも少なくない。そんな場合に保護者に「毅然」と対応すると、かえって子どもが戸惑ってしまう可能性もある。

そこで、二つ目の手段として考えられるのが、保護者に「考えさせる」方法である。例えば、「あなたが教師だったらどう対応しますか？」「あなたが〇〇さんの親御さんだったら、どうしますか？」と保護者に質問するのである。理不尽なクレームをつける保護者は、大抵の場合こうした質問に対して回答に窮したり、一貫した回答をすることが難しい。また、保護者が独自の教育観に基づいてクレームをする場合は、質問に回答しても平行線になることに保護者が気づくので、そこで対応を打ち切ることができる。

さらに、三つ目の方法は「保護者に弁護士に相談するように促す」という手段である。学校からすれば、相手側に武器を与えるようなイメージだが、実はスクールロイヤーにとってみたら、保護者に弁護士が付いているほうが仕事がやりやすい。弁護士同士で法的な視点からお互いの主張と事実関係を整理できるし、学校現場に詳しい弁護士なら保護者の主張が理不尽だと気づけばそれを制止してくれる。何よりも保護者側の弁護士が子どもの最善の利益に理解を示してくれる人であれば、学校にとっても子どもにとってもより良い解決を実現できるからだ。

もっとも、本書でも繰り返しているように、子どもの最善の利益を理解し、かつ学校現場の実情に詳しい弁護士は非常に少ない。そのため、この手段は学校にとってはある意味「賭《か》け」でもある。

ただ、たとえ保護者から相談された言い分を一方的に受け取った弁護士であっても、学校で保護者と一緒に面会する際にスクールロイヤーが立ち会って「もう一つ」の言い分をちゃんと伝えれば、前述したようにより良い解決が期待できる。

問題は、スクールロイヤーは学校の経費で導入されても、子どもや保護者側が公費で相談する弁護士制度は存在しないことだ。この点は、「スクールロイヤーは学校の味方」「学校側にはスクールロイヤーがいるのに、子どもや保護者が相談できる弁護士がいないのは不公平」という不満をかきたてる原因になっている。

もちろん、保護者も最近は法テラスなどで安価に弁護士に相談できるが、担当する弁護士が学校問題に詳しいとは限らない。そのため、こうした子どもや保護者が相談しやすい弁護士制度を導入することも検討すべきだろう。

実際、アメリカでは、スクールロイヤーだけではなく、学校設置者とは別に教師個人にも子ども・保護者にも「エデュケーション・アトニー（Education Attorney）」と呼ばれる弁護士が存在している。また、「教師型」「職員型」のスクールロイヤーなら、教師や職員の立場で子どもや保護者の相談を聞くこと自体はできるので、子どもや保護者の不満に少しは応えることができるのではないだろうか。

以上のように、理不尽な保護者に対する手段を三つ記したが、こうした手段が功を奏さない場合も少なくない。私自身、教師としても、スクールロイヤーとしても、うまくいかなかった保護者対応を何度も経験している。

読者のなかには保護者の方もきっと多いだろう。教師やスクールロイヤーとともに、保護者にも、我が子だけでなく「あらゆる子どもの最善の利益を実現するために協力していく」、そんな意識を少しでも持ってもらえたらと思う。その暁には、スクールロイヤーが保護者対応で「用心棒」として投入されることはなくなっていくだろう。

第七章　体罰
――現実的な対案を提示できなければなくならない

学校の体罰は明治時代から禁止されている

読者の方々もご存じのとおり、体罰は違法行為であり、犯罪行為である。学校教育法11条は体罰を禁止する。また、不法な有形力の行使は、暴行罪や傷害罪などの犯罪に該当する。

日本における体罰禁止の規定は、すでに明治時代から存在していた。しかも、学校制度ができてすぐの教育令（1879年）で、「凡学校ニ於テハ生徒ニ体罰（殴チ或ハ縛スルノ類）ヲ加フヘカラス」として、体罰は明確に禁止されている。また、体罰は戦後一貫して、子どもに対する重大な人権侵害として、常に議論されてきたテーマである。それにもかかわらず、体罰は学校からなくなっていない。

実は私が教壇に立つようになった2000年代は、一時的にせよ、体罰は表立って議論することが少なくなっていた印象があった。もちろん、実際には水面下で体罰は続けられていたはずだが、体罰よりも「いじめ」「保護者のクレーム」「不登校」などの議論が優先されていたため、体罰の実情を正確に把握しようとする雰囲気は後退していたようでもあった。

しかし、2012年に大阪市立桜宮高校男子バスケットボール部で、顧問教師による執拗《しつよう》な体罰と厳しい指導の末に男子生徒が自殺するという事件が発生した。この事件は、部活動という場が体罰の温床になっていたことを広く知らしめただけでなく、想像を絶するほどの体罰をふるう教師が現に存在することを痛感させられる、痛ましい事件であった。

この事件がきっかけで体罰に対して厳しい目が向けられることになり、学校現場でも徹底的に撲滅する取組みがなされるようになった。文科省の統計（「体罰の実態把握について」）によれば、事件が起きた2012年度の体罰の報告件数は6721件に上っていたが、18年度は767件まで減少している（図7）。しかし、体罰で典型的な「素手で殴る・叩《たた》く」といった行為ならまだしも、「蹴《け》る・踏みつける」といった行為が79件、「投げる・突き飛ばす・転倒させる」といった行為が66件と、およそ体罰という言葉ではなく、完全に暴行とも言えるような行為が100件以上起きている点は無視できない（図8）。

なぜ、学校から体罰はなくならないのだろうか。私の教師としての経験からいえば、体罰をする教師は、「厳格」「陰険」ではなく、むしろ「熱血漢」「熱心」といったタイプが多い。典型的な「愛のムチ」論に基づく体罰観を持っている。また、生徒指導が熱心であり、面倒見も良いことが多く、（体罰を除けば）保護者の支持も厚い教師が少なくない。うまくしつけ

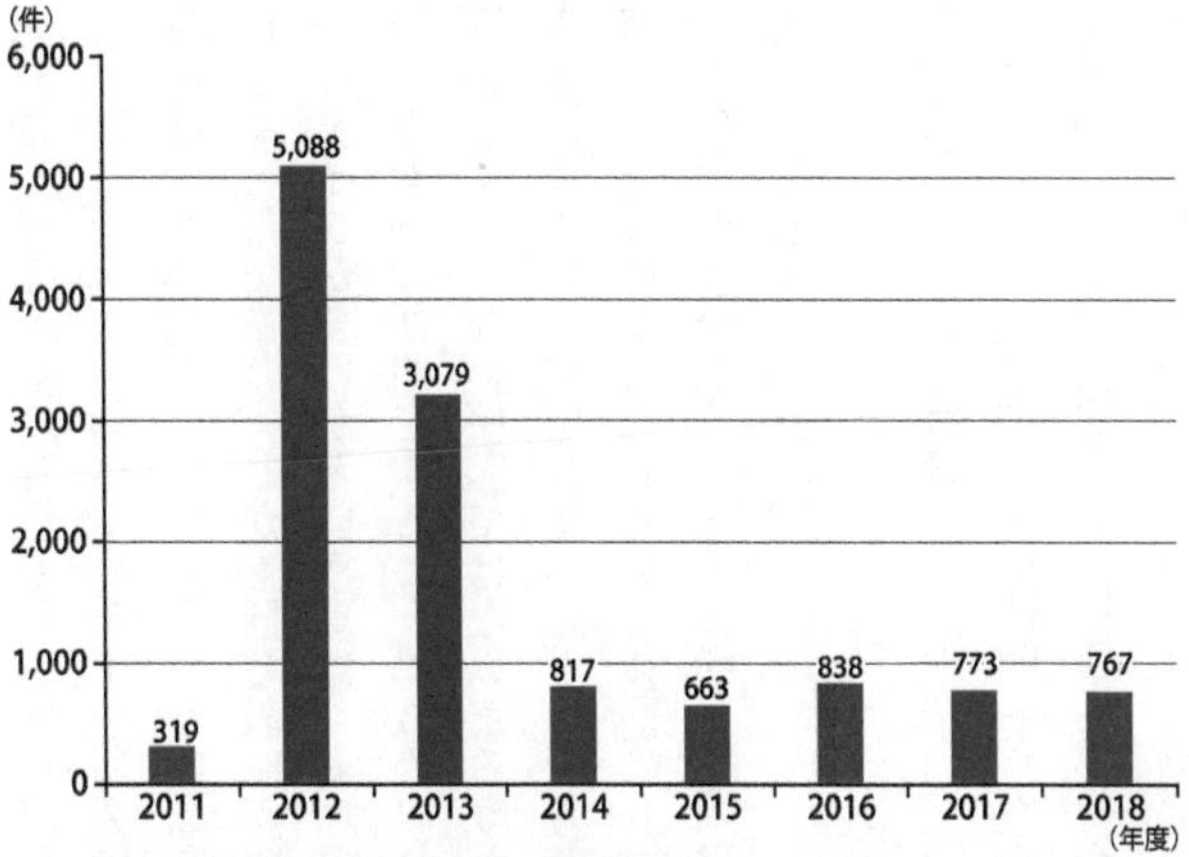

図7　中学校・高等学校における体罰発生件数
(出典　https://www.mext.go.jp/sports/b_menu/shingi/013_index/shiryo/_icsFiles/afieldfile/2017/07/21/1388097_01.pdfなどを元に作成)

体罰の態様	発生件数
素手で殴る・叩く	362
棒などで殴る・叩く	42
蹴る・踏みつける	79
投げる・突き飛ばす・転倒させる	66
つねる・ひっかく	29
物をぶつける・投げつける	34
教室などに長時間留め置く	1
正座など一定の姿勢を長時間保持させる	25
その他	129

図8　平成30(2018)年度における体罰の態様
(出典　https://www.mext.go.jp/content/20191224-mxt_zaimu-000003245_H30_taibatsuzittai.pdf)

られない子どもを、体罰も辞さずに厳しく指導してくれることに感謝する保護者も存在する。

マスメディアの報道や弁護士・研究者らの主張だけを切り貼りしてしまうと、あたかも教師の多くが体罰をしているような印象を持ちやすいが、実は、体罰をしやすい教師というのはごく一部であり、しかも同じ教師が繰り返し体罰を行っている。体罰を行う教師にどのようなタイプが多いかという点は、実際のところあまり議論されているわけではないが、そういった教師は体罰をすること以外は優れており、生徒や保護者の信頼もあるという点も、体罰がなくならない原因ではないだろうか。逆を言えば、体罰をしない教師が、する教師よりも体罰以外の点で優れているとは限らないため、体罰をする教師の教育方法が一定の信頼を得てしまうのかもしれない。体罰はしないが、生徒に熱心に関わるわけではない教師」と、「体罰も辞さないが、生徒に熱心に関わる教師」なら、後者のほうが生徒や保護者の信頼を得られてしまうのだ。

「体罰」に当たる行為

そもそも、「体罰」とは法的にどのような行為を指すのだろうか。最も多い解釈は、読んで字のごとく、「体罰」とは体に触れる行為を広く指すと考える立場である。この考え方は弁護士や研究者に多く、スクールロイヤーを担当する弁護士の大半もおそらくそうである。

この考え方からは、「叩く」といった行為だけでなく、「押す」「引っ張る」といった体に触れる行為も体罰に該当する。

私自身も基本的にはこのように考えるべきだと思うが、問題はこの考え方を主張する立場の人間の大半が、実際に現場で教師を経験したことがないという点である。なぜなら、彼らは自説を実践した経験がないので、その考え方で現実に生徒を指導することができるかどうかという点で説得力に欠ける。どちらかといえば他の職業以上にプライドが高く、自分の考えに固執しやすい職業でもある弁護士や研究者が、自分の指導に反抗する子どもの前で、自説に基づく体罰を一切行わずに指導することができるか、甚だ疑問である。

実は、最高裁は「体罰」を体に触れる行為とは解していない。最高裁は、指導にしたがわず逃げようとした小学2年生の児童に対し、追いかけて捕まえ、胸倉をつかんで壁に押し当て、「もうするなよ」と大声で指導した行為について、「児童の身体に対する有形力の行使ではある」が、「その目的、態様、継続時間等から判断して、教員が児童に対して行うことが許される教育的指導の範囲を逸脱するものではなく、学校教育法11条ただし書にいう体罰に該当するものではない」と判断している。最高裁は体罰が具体的状況によってケース・バイ・ケースに判断される行為であると考えているのだ。

この最高裁の考え方は、体罰を教育紛争の一種と理解し、多様な人格と個性を扱う教育に画一的な法解釈を押し付けないように配慮している点で、「体に触れたらすべて体罰」とする考え方よりもはるかに現実的だ。一方で、ある意味では非現実的でもある。現場の教師が子どもを指導する際に、この最高裁の考え方をとっさに思い付いて、どこまでなら体罰で、どこまでなら体罰でないかを瞬時に判断することはまず不可能だからだ。

そのため、最高裁の判断基準である「目的」「態様」「継続時間」については目安が必要だ。例えば、「生徒が指導に従わず、挑発的に反抗しているため、これを制止する目的」で、「腕を引っ張って教室の外に出す態様」で、教室の外に出すまでごくわずかな時間であれば、体罰に該当しない、といった判断の目安を文科省が示したほうがよいだろう。

体罰以外の手段はあるのか

前述したように、体罰がなくならない背景には、体罰をする教師の多くが生徒指導に熱心であり、またそうした教師の教育観を支持する生徒や保護者も少なくないこともある。それ以外にも原因はないだろうか。

体罰の議論では、海外との比較や、体罰が起きやすい状況、体罰を起こしやすい教師の属性など、実証的な研究はあまり注目されていない。どちらかと言えば、「違法」か「適法」かの二元的な結論しかない法律論のみで議論することが一般的だ。そのような議論では、違法な体罰を行う教師への批判はさかんに行われるが、なくすための「対案」を示すことはほとんどない。しかし、現場で子どもたちを指導しなければならない教師にとっては、体罰をなくすための対案が必要である。

例えば、次のようなケースの場合はどうすればよいだろうか。

【ケース　15】

授業中に私語を止めない児童ユウマに対して、担任のイトウ先生が私語を止めるように何度も注意したが、一向に止めようとしない。そこで、これ以上私語を続けるなら退席して教室の外に出るように指示したが、ユウマは「そんなことをしたら体罰で訴えられますよ」と反論した。イトウ先生は仕方なくそのまま授業を続けたが、次の日に別の児童の保護者から「なぜユウマの私語を止めさせなかったのか」とクレームがあった。

授業中に児童生徒を退席させて廊下に立たせる行為は昔のテレビやドラマではよくある光景だった。現在では、体罰は体に触れる行為だけでなく、児童生徒に継続して苦痛を与える行為も含まれると解釈する説が有力だ。

文科省のガイドラインでは「授業中、教室内に起立させる」行為は「認められる懲戒」であり、すなわち「体罰ではない」とされている。その裏返しとして、廊下に立たせることは、体罰ではないにしても義務教育の授業を受けさせていないという意味で違法な懲戒に該当すると考えているようである。そのため、イトウ先生が児童ユウマの反論を受けて、やむなくユウマを退席させなかったことは適切な対応である。

一方、別の保護者がイトウ先生に対して私語を止めなかったことを批判した点も、自分の子どもの授業を受ける権利を侵害されているのだから当然である。もちろん、保護者の本来の批判の矛先は、イトウ先生ではなく、私語を止めなかったユウマとその保護者にあるが、イトウ先生には担任として授業中の秩序を保ち、他の児童が安心して授業を受けることができるクラスを経営する教育的責任はあるだろう。

しかし、教師の立場からすれば、この結論は明らかに不合理である。確かに、イトウ先生はユウマの授業妨害行為を制止できなかったが、それは違法な懲戒になる可能性があるため慎重に対応したからだ。

ではイトウ先生には他の手段としてどのような対応が考えられただろうか。

前述の体罰を広く解釈する立場からは、教師は愛情と信頼関係によって児童ユウマに「心」で訴えかけ、授業中に私語をすることが間違っている行為であることを理解させるべきだとしている。とにかく子どもが自分で過ちに気づくまで、「話せばわかる」といった言葉で優しく導こうとするような、情緒的な手段を対案として主張することが多い。中には「自主性」を名目に、子どもをあえて放置する指導が主張されることもある。しかし、このような対案は現実的だろうか。

教師の能力も千差万別であり、児童生徒との信頼関係も様々だし、そもそも、体罰を広く解釈する論者が、まずそれを実践して成功しなければ、何の説得力も持たない。もし、経験の少ない新人教師に対して、愛情と信頼関係といった情緒的な根拠のみに基づく指導を求めたとしても、結果的にユウマのような児童を制止できなければ、最終的には「学級崩壊」に至ることにもなりかねない。

私自身は、体罰に反対する弁護士や研究者の大半が実際に教師をやってみても、彼らが主張する非現実的な指導ではおそらく「学級崩壊」に至るだろうと考えている。そもそも、法律論で言えば、本章の冒頭で記したように、体罰は明治時代から紛れもなく「違法」である。にもかかわらず、体罰がなくならないのだから、法律論だけでは体罰をなくすことは不十分だということである。

法律学と教育学の最大の違いは、前者は論理学なのに対して、後者は社会科学であり、経験科学だという点だ。そのため、教育学ではある教育論を主張しても、それがある程度反証可能なものであり、かつ主張する論者自身か、その主張を支持する教師によって実際に実践してみて、効果を実証しなければ科学的に妥当だとは言えない。

もちろん、私は教師としても弁護士としても、「体罰には絶対反対」である。しかし、体罰をする教師よりも自分のほうが指導力が優れていると自信を持って言えるかといえば、決してそうではない。それは、私自身が本当に緊迫したケースにおいて、体罰以外の対案をとっさに思い付いて実行できるか、その自信はないからだ。そこには、私自身が実際に学校現場にいて、教師の能力も児童生徒の個性もすべてが多種多様な中で、体罰をなくしていくことが決して容易ではないことを実感しているからでもある。

体罰をなくす方法

世界には体罰を例外的な条件の下で合法化している国や地域がある。例えば、アメリカ南部の保守的な州では、教師に正当な教育目的があり、かつ強い指導が必要なほど生徒の行為に問題がある場合において、生徒に反論の機会を与えた上で、軽度の有形力の行使を用いることを認めている。

とはいえ、一般的に見て、体罰は海外の多くの国で例外なく禁止されている。そのため、厳格な条件であっても体罰を合法化することは現在の日本では難しいだろう。とすれば、やはり体罰をなくす現実的な方法を考えていかなければならない。

そこで、私が提案したいのは、体罰に代わって教師が選択可能な指導手段をいくつか法制度化することである。二章や五章でも紹介したとおり、日本ではどんなに問題行動を繰り返す児童生徒であっても、義務教育段階の公立小中学校であれば退学させることはできず、それより軽い停学はなぜか国私立も含めて小中学校では科すことができない。停学処分ができないため、海外では停学中に行われている児童生徒の更生を図るための教育も不可能であることを示している。もし停学が制度化できたなら、海外のように、停学中に、ボランティア活動に参加させたり、カウンセリングを受診させたり、様々な視点から児童生徒の更生を促すこともできる。

こうした法制度の不備に加えて、体罰が日本でなくならない要因として、教師が子どもに接する時間が長いということがある。日本の教育は他のどの国よりも、教師が愛情と信頼関係を持って子どもに「寄り添う」ことを目指している。教師も、子どもや保護者だけでなく、社会全体からもそのような「寄り添う」指導を求められている。そうしたプレッシャーと、指導手段が法制度上極めて少ないことのジレンマの中で、体罰に至ってしまうのではないだろうか。

事実、文科省の統計を見ても、小学校で体罰が行われた場面は「授業中」で、場所は「教室」が圧倒的に多いことから、学級担任が体罰をすることが多いことが推察される。また中学校・高等学校では場面は「部活動」で、場所は「運動場・体育館」が多いことから、部活動顧問が体罰をすることが多いことが推察される。この二つの仕事は、ともに児童生徒と接する時間が非常に多く、時には「親代わり」の立場で保護者ができないしつけをしなければならないほど、「寄り添う」ことが求められる。日本の教育のメリットは、体罰のリスクというデメリットと表裏一体なのだ。

そのため、体罰を学校からなくしていくためには、まず教師に多様な指導手段を法制度として用意することである。そして多様な選択肢の中から子どもに寄り添う教育を実現するための指導手段を選択させる。こうした方法が最も望ましいのではないだろうか。

スクールロイヤーが生徒指導の相談を受けたら

私自身もそうだが、スクールロイヤーは、生徒指導のトラブルで保護者からクレームがあったと、学校から相談を受けることが非常に多い。保護者からのクレームは、体罰以外にも行き過ぎた指導や不適切な言葉を用いた指導など様々ある。

生徒指導は児童生徒の自由な意思を侵害する側面を持っており、その意味では法的な要素を多分に含んだ行為なので、スクールロイヤーとしては専門性が活《い》かされる相談だと思いがちだ。しかし一方で、生徒指導は教師という教育のプロにしかできない極めて教育的な行為でもある。実際に、弁護士である私が教師として様々な教育活動に取り組んだ際に、最も難しいと感じたのは、担任でも部活動でも進路指導でもなく、生徒指導だった。「違法」か「適法」かの二つしか結論がない法律論だけで、弁護士が「体罰は違法である」と断じるのは簡単である。なぜなら、体罰が違法であることは法律で明記されているからだ。しかし、生徒指導の妥当性は教育論からも判断されなければならない。教育論は法律論と違って、違法か適法かを判断するわけではない。違法であっても子どもが教師から受けた指導で成長するならば、教育論からは生徒指導は妥当かもしれないからだ。だから、法律家であるスクールロイヤーは、子どもを成長させる効果のある適法な指導を「対案」として示す必要があるだろう。

ただし、その対案には注意が必要だ。スクールロイヤーが体罰の代わりに、自分でできもしないような指導方法を教師に助言しても何の効果もない。弁護士は人権の専門家ゆえに、人権の理念に根差してはいても、現実の学校現場では到底実践できない指導を教師に押し付けてしまいがちである。確かに、スクールロイヤーは子どもの最善の利益を実現する弁護士なので、子どもの人権の視点に立った助言は必要だ。しかし、だからと言って前述のように、愛情や信頼関係に基づく情緒的な指導手段を助言しても、弁護士自身が実践できる自信がないようなら助言すべきではない。法的には良案だと思う指導手段であっても現実的には不可能なものもある。

例えば、授業中に私語を止めない児童生徒に対して、体罰の代わりに他の教師に教室まで来てもらい、別室に移動させて指導するという対案をスクールロイヤーが提示したとする。スクールロイヤーにとってみれば、他の児童生徒が受けている授業を中断せず、かつ問題行動を起こしている児童生徒に適切な指導もできるという点で、子どもの最善の利益に配慮した良い案だと思うかもしれない。

しかし、実際には他の先生の授業中に教室まで駆けつけてくれるほど時間的余裕のある教師はほとんどいない。多くの学校では、授業時間中は職員室に誰もいないことすら珍しくないのだ。そのような中で、別室で授業が終わるまで児童生徒を指導できるほど仕事に余裕のある教師がいるだろうか。こうした光景は、実際に教師を経験した人間でなければ容易に想像できないかもしれない。

私も生徒指導に関しては、ほかの先生方から様々な手法を日々学んでいる。

私は日本で初めて弁護士資格を持った教師を実践できる機会を得た際に、法と人権の理念にのっとった生徒指導を実践できると考え、意気込んでいた。しかし、やはり理念だけでは現実の指導はうまくいかないという事実に直面した。画一的な法の理念だけでは、多種多様な生徒の個性と人格に応じた指導はできないのだ。また、弁護士としての私は、学校が集団生活を営む場であるということと、一人の担任が背負う責任の重さが想像以上であることをよく理解していなかった。担任の責任というのは、クラスという集団をまとめ、できるだけ多くの生徒に満足してもらいながら、より良い方向に動かしていくということなのだ。

そこで、実際に教師として働くなかで、生徒指導主任をはじめ、指導の上手な先生の手法をまねたり、アドバイスをもらったりした。生徒指導のセンスを日々学び、経験していくことで、弁護士が生徒指導をすることの難しさとやりがいを感じることができた。

この経験は私がスクールロイヤーとして学校の相談に乗る時にも活かされている。特に、体罰、不適切な指導、校則指導など、生徒指導のトラブルで学校に助言する場合は、必ずと言ってよいほど生徒指導主事（生活指導主任）の先生の意見を聞くようにしている。

中高では生徒指導を専門とする、生徒指導主事を必ず置かなければならず（学校教育法施行規則70条など）、小学校でもほとんどの学校で同じ役割を担う生活指導主任が置かれている。このように、生徒指導は法律上、専門的な役職を置いて教師に担当させなければならない教育活動であり、専門的な校務の一つである。担当する教師は、教育のプロであると同時に、生徒指導のプロでもある指導経験も豊かなことがほとんどだ。

また、私も含めたほとんどの教師は、ある生徒に対してうまくいった指導が別の生徒に対してはうまくいかなかった、それどころか逆効果になった、といったことを経験している。

失敗経験があるがゆえに、生徒指導の難しさや大切なポイントを理解しているのだ。その意味では生徒指導の経験のないスクールロイヤーが、人権や法律の理念を形式的に主張するだけでは、トラブルを解決することは難しい。

教師が弁護士との間で最も意見が対立する場面は、おそらく生徒指導の場面である。弁護士は生徒指導のトラブルを子どもの人権が侵害されている構図として捉《とら》えがちなので、どうしても教師を「子どもの敵」として扱いがちだ。教師からすれば、今まで自分たちのことを「子どもの敵」だと見ていた弁護士がスクールロイヤーになったとしても、心を開いて相談できるかといえば、そう簡単ではないだろう。

だからこそ、読者の方々には、スクールロイヤーは生徒指導の経験がない素人であり、弁護士が生徒指導豊かな教師たちの意見を尊重しながら、体罰などの違法な手段に代わる現実的な対案を示していく謙虚な姿勢を持つように促してほしいと思う。

第八章　部活動
——白黒つける法律では判断が難しい

部活動は日本特有

日本の中学校や高校で部活動がない学校はおよそ存在しないだろう。しかし、世界を見渡してみると、部活動がどの中学校や高校にもあるのは日本くらいである。海外では学校でしていない部活動を、なぜ日本では行っているのだろうか。

この問いに対して、実は法律は何らの回答も用意していない。唯一、文科省が回答として想定しているものは、学習指導要領にある「生徒の自主的、自発的な参加により行われる部活動については、スポーツや文化、科学等に親しませ、学習意欲の向上や責任感、連帯感の涵養《かん》等、学校教育が目指す資質・能力の育成に資するものであり、学校教育の一環として、教育課程との関連が図られるよう留意すること」という記載だ。

この記載は、部活動が学校で実施することが義務付けられる教育課程ではないことを前提としている。この点では部活動の位置づけは海外と同じなのである。では、「生徒の自主性、自発性に基づく教育課程外の活動」でありながら、なぜ「学校教育の一環」とされているのだろうか。

文科省は学習指導要領の解説で、「部活動は、異年齢との交流の中で、生徒同士や教員と生徒等の人間関係の構築を図ったり、生徒自身が活動を通して自己肯定感を高めたりするなど、その教育的意義が高い」から、学校教育の一環として、教育課程外の部活動と教育課程内の授業などと関連を図るべきだとしている。

確かに、私自身も教員として部活動を間近で観察していると、学習指導要領の解説が示すような教育的意義は否定できない。私だけでなく、部活動で青春を謳歌《おうか》した人、思い出や友達を作った経験のある読者の方は皆そう思うだろう。また、勉強が苦手でも、部活動では輝いたり、違った個性を見せることができる子どもは確かに存在している。学校で部活動の機会があることは、子どもの学習権の観点からとても大切である。

また日本の部活動は、学校という公的な資源を活用して、貧しい家庭の子どもたちに対しても「機会均等」にスポーツや文化等に親しませる、という役割も持っている。戦前の部活動は10％程度の進学率しかなかった中等教育での活動であり、もっぱらエリート層の子女の娯楽であった。ところが戦後に義務教育が中学校まで延長され、高校まで含む中等教育への進学率が格段に上昇したことで、貧しい家庭の子どもたちも進学し、部活動を通じてスポーツや文化等を気軽に楽しめるようになった。今でも民間のスポーツクラブや文化施設を利用するのに比べれば、部活動にかかる費用は極めて安い。

しかし、日本の部活動は今、学校でやることかどうか、根本的な問いすら突き付けられている。それは、教師や子どもたちの意識からもうかがえる。

最近、部活動に関する生徒や教師への調査が頻繁に行われているが、「部活動をやりたくない」生徒も、「部活動の顧問をやりたくない」教師も相当数いることが、社会的な議論の的にもなっている。例えば、名古屋大学の内田良《うちだりょう》氏らが行った調査（岩波ブックレット『調査報告　学校の部活動と働き方改革―教師の意識と実態から考える』）は、部活動に消極的な教師が相当数存在する実態を客観的なデータで示している。

つまり、「部活動は学校教育の一環である」とする文科省の解釈に、正面からＮＯを突き付ける意識を持った生徒や教師が多いということである。彼ら彼女らは、前述の部活動の教育的意義はないと考えているか、あったとしても学校でやる必要はないと考えている。

なぜだろうか。

自主的な活動が強制的になる三つの要因

部活動が否定的に捉《とら》えられるようになった背景には、部活動がいじめや体罰の舞台になったり、教員の過酷な長時間労働の原因になったり、いわゆる「ブラック部活動」の存在が社会的にも認知され、批判を浴びるようになったことが大きい。

確かに、第七章で紹介した桜宮高校バスケットボール部事件のように、部活動で体罰が行われることが多い点は文科省の調査（「体罰の実態把握について」）でも明らかであり、体罰を辞さない指導を繰り返す顧問教員も後を絶たない。いじめにおいてもクラス内だけでなく部活動内でも相当数発生していることは、東京都の調査で部活動顧問がいじめの対応を行った件数からも推測されるし、私のスクールロイヤーとしての相談経験でも同様である。また、第十章で紹介するように、教員の長時間労働や過労死などの労働問題の背景には、多くのケースで部活動業務が存在している。

本来、部活動は「生徒の自主的、自発的な参加により行われる」のだから、いじめられるような環境に好んで参加する生徒もいないはずだ。また生徒が自主的に行うのに、教員が体罰をふるう必要も、長時間付き合う必要もない。ところが実際には、推薦入試や内申書などで有利に扱われることを理由に、生徒は部活動への参加が強制され、教師も有無を言わさず部活動顧問を担当させられる。

こうした悪しき実情の要因には様々なものが考えられるが、私が考えているものは次の三つである。

第一に、「文武両道」を尊ぶ価値観である。この価値観は進学校出身者であり、社会のエリート層であるほど強いと感じている。日本の進学校はおしなべて、勉強と部活動の双方に全力投球する「文武両道」を尊ぶ校風がある。「生徒は勉強だけに勤《いそ》しめばよい」と考える進学校はほとんどないだろう。

こうした「エリート層は文武両道たるべき」とする価値観は、海外のエリート教育にも存在する。社会を担う人材は勉強だけができればいいというわけではなく、幅広い教養を身に付け、スポーツや文化などをたしなむ心がなければならない、というわけだ。

この考え方自体は正当だと思う。もっといえば、文武両道とは能力の高さを意味しているといえるかもしれない。勉強以外のこともできる人間は能力が高い。そのことを自覚させた上で、その恵まれた能力で社会に貢献すべきであるとする「ノブレス・オブリージュ」をエリート教育で養うのだ。日本や海外のエリート教育で文武両道が尊ばれるのにはそれなりに理由がある。

しかし、日本の場合は文武両道の価観が極めて歪《ゆが》んだ現象を生み出している。その一つが部活動だ。

日本の教育では「能力に応じて」ではなく「等しく」教育を受けるべきであるとする平等主義が強いため、能力的に異なるどの生徒にも部活動を等しく強要する。さらに言えば、この悪しき平等主義と、いじめの温床でもある日本人特有の「同調圧力」が相互作用して、「ブラック部活動」を生み出す。部活動に興味がない生徒や勉強で余裕がない生徒にも部活動を強制したり、退部する生徒に対して冷たい視線を向ける傾向にはこうした背景がある。本来、部活動が生徒の自主的、自発的活動であるならば、退部者を白眼視するようなことはあってはならないのだが、日本人の同調圧力はそもそもの理念も簡単に忘れさせてしまう。

一方、海外では部活動がエリート層にとっての「文武両道」を実践する娯楽として機能しているので、すべての階層の子どもに求められていない。海外のこうした状況もそれはそれで問題だと思うが、校外のスポーツクラブや文化団体が充実しているので、学校に部活動がなくても娯楽がないわけではない。能力的に余裕がない子どもたちにまで「文武両道」を強制しないのは、「能力に応じて」教育を提供する海外の考え方と、「等しく」教育を提供する日本の考え方の典型的に異なる点である。

「体育会系」が重宝される社会

部活動の悪しき実情の要因の第二として考えられるのが、実社会で「体育会系」と呼ばれる、運動部や吹奏楽部などの部活動に打ち込んだ人材が重宝される風潮である。これも、それ自体は間違っていない。なぜなら、どのようなスポーツであっても強くなるためには体力だけでなく知力も必要だからである。効率よく強くなり、試合で勝つためには、単に練習するだけでは足りず、思考力や判断力を働かさなければならない。実際に、部活動に熱心に打ち込んできた体育会系の人たちは、仕事で必要な体力だけでなく、知力にも優れており、企業などの組織の中核を担ったり、経営者としてもリーダーシップを発揮していることが多い。

しかし、体育会系の部活動のほとんどは集団活動であるため、一般的に「体育会系」といえば、「上意下達の精神」と「同調圧力」が特に強いイメージを持たれており、実際にもそうした人たちは少なくない。いだろうか。日本の実社会が体育会系を重宝する理由はむしろこちらではないだろうか。上意下達の精神と同調圧力の強い人材は、日本のあらゆる組織において一定数は必要であり、実社会に出る前の学校教育でコストパフォーマンスよく養成するには、部活動が何より優れたシステムとして機能するのだ。

就職活動でも、部活動に熱心に打ち込んだ経験のある体育会系の人材が重宝されるので、中学高校で部活動をやっていなければ、将来的に損をする可能性が高いというのは紛れもない現実だ。しかも、文科省が推進している大学入試改革では、ポートフォリオ評価の導入により勉強以外の課外活動がこれまで以上に重視されるようになっており、今後は部活動をやってなければ大学入試でも不利になってしまう。そうすると、ますます「部活動強制」というプレッシャーが働くおそれがある。

なお、実際には部活動の実績を合否の際に重視する推薦入試は大学だけでなく高校でも行われており、しかも私立だけでなく公立高校でも行われている。本来、高校生の本分は勉学であり、学校教育の一環とはいえ教育課程外であるはずの部活動が進学する主たる目的となる点は本末転倒のように思われるかもしれない。しかし、スポーツ推薦などの入試制度は海外でも一般的であり、勉強以外とはいえ本人の努力と才能で頑張った成果を入試で評価することは至極当然だし、有名な指導者の下で部活動ができるメリットもある。また、保護者にとっても子どもが勉強ができなくとも部活動に打ち込むことで大学に進学し、より良い就職などが可能ならば、その気持ちは当然尊重されるべきだろう。

部活動の推薦入試は寄付金の額や性別、保護者の職業などまで考慮される医学部の不正入試に比べれば、はるかに健全な制度である。しかし、この制度が体育会系の悪しき価値観や部活動の強制、あるいは体罰を繰り返す指導者を肯定する風潮の温床になっているのであれば、やはり見直していかなければならない。

ブラック部活動とスポーツ利権

第三に、マスメディアを中心としたスポーツや文化に対する利権の存在である。これはほとんど指摘されないが、これこそが、私が考えるブラック部活動の最大の要因である。

　その代表例は、新聞社が主催する高校野球であり、甲子園だ。マスメディアや高野連などの関連企業・団体は、「高校球児たちが作る感動」を建前に、「学校教育の一環」であるはずの部活動に利権を築いている。スポーツ利権は極めて巧妙だ。アマチュアリズムが建前のため、本来であれば巨額の利益が発生するはずの利権を、あえてほとんど無償で取り扱う。

　例えば、高校野球のテレビ放映権は本来であれば巨額な市場価値があるはずだが、放映権料は実質無償である。これは一読するとスポーツ利権が存在しないように思えるが、そうではない。むしろ、巨大な経済的付加価値を発生させているはずの高校生や野球部顧問の教師らが、マスメディアと高野連の方針で何らの経済的利益も受けられていないのだ。もし、こうした利益が顧問の報酬にもたらされ、あるいは熱中症で倒れた生徒の補償に使われるのであれば、部活動をめぐる問題は経済的には不合理とまではいえないだろう。

　高校野球だけが特別というわけではない。連盟・協会が存在し、総合大会が実施される部活動は多かれ少なかれ、こうした利権構造を持っている。連盟が存在する部活動では、部員の生徒は登録費を払わなければ公式大会に参加することもできないし、顧問は実質、手弁当で連盟の事務仕事や審判員などの仕事もしなければならない。

　一方、連盟が持つ利権の経済的価値は、アマチュアリズムの建前の下で現場の生徒や顧問教師にはほとんど還元されない。教員の長時間労働の議論では部活動業務の時間やストレスが指摘されることはあっても、背景にまで話が及ぶことは少ない。

しかし、こうした利権構造が「ブラック部活動」がなくならない原因であることは間違いない。とりわけ、高校野球は歴史と伝統があることもあいまって、球児たちが「地域の代表」という地元住民の感情も背景に存在するため、仮に高校野球が「ブラック部活動」の温床だとしても、それを批判することは容易ではない。

部活動をめぐる法律問題

私が当初スクールロイヤーを始めたころは、部活動に関する相談といえば、部活動中の事故の相談が圧倒的に多かった。詳しくは第九章で述べるが、部活動中の事故の対応方針に関しては、スクールロイヤーへの相談が非常に効果的である。学校事故は法律問題としての対応方針もある程度確立されているし、負傷した子どもの最善の利益の観点から学校に現実的に可能な対案も示しやすい。

しかし、スクールロイヤーを何年も担当していると、部活動に関する労働問題の相談もやってくるようになる。こちらは第十章で述べるが、スクールロイヤーが労働問題に対応するのは大変難しい。しかも、教育委員会や管理職だけでなく、現場の一般の先生や部活動顧問を担当する先生、それに子どもや保護者からも相談を受ける機会の多い私のようなスクールロイヤーならば、相談者との距離が近い分、法律専門職として葛藤《かっとう》することになる。

例えば、部活動顧問をやりたくない教師に対して部活動顧問を強制的に担当させられるか、といった相談がスクールロイヤーに来た場合、後述するように私は法的観点からは「強制はできない」と回答するだろう。しかし、そうなれば、顧問がいないので生徒たちはその部活動を楽しむことはできなくなってしまう。「子どもの最善の利益」を実現するはずのスクールロイヤーの助言が子どもたちの部活動を楽しむ機会を奪うことになるのだ。しかも、私立学校ならともかく、公立学校なら住んでいる場所で学校が決められるので、たまたま部活動顧問をやりたくない教師のいる学校の学区に住んでいたというだけで、その生徒は部活動ができなくなってしまう。部活動をやりたい生徒には何の罪もないのに、である。

もちろん、私もスクールロイヤーとしてできる限りの対案を示す。例えば、部活動顧問を強制する代わりに教員に残業代を支払う、あるいは後述する部活動指導員を採用する、といった案である。しかし、この案はどちらも人件費が必要であり、学校設置者との予算交渉や議会の議決などの然《しか》るべき手続きが必要なので、時間がかかり過ぎて現実的な対案とは言い難いし、スクールロイヤーが予算折衝の役割を担うことはそもそも不可能である。

部活動顧問がいる学校と「合同チーム」を結成し、部活動をやりたい生徒は合同チームに参加してもらう案もある。しかし、現在では部活動を実質的に支配する各種連盟の多くは、合同チームでの公式大会への参加は限定的にしか認めていない。つまり、合同チームではその生徒は公式大会での部活動実績を残すことができないのである。

このように、スクールロイヤーが部活動問題に関わることは想像以上に難しいのだ。

連盟・協会にメスを入れずに部活動改革はできるのか

いじめや体罰、教員の長時間労働の温床である「ブラック部活動」が社会問題化していることを受けて、文科省も部活動改革に着手はしている。

まず、教員の部活動業務の負担を減らす目的で、「部活動指導員」と呼ばれる職種を2017年から導入した。部活動指導員は、中学校や高校において「スポーツ、文化、科学等に関する教育活動に係る技術的な指導に従事する」職種として、法令上に明記されたものである。

次に、スポーツ庁を介して、「運動部活動の在り方に関する総合的なガイドライン」を策定した。このガイドラインでは、運動部の活動に際して「適切な休養日の設定」と「活動時間の上限」を規定しており、学期中は週当たり二日以上の休養日を設け（平日は少なくとも一日、土日は少なくとも一日以上を休養日とする）、一日の活動時間は長くとも平日は2時間程度、土日や夏休みなどは3時間程度とし、できるだけ短時間に、合理的かつ効率的・効果的な活動を行うとされた。同様のガイドラインは、吹奏楽部などの文化部に対しても文化庁が策定している（「文化部活動の在り方に関する総合的なガイドライン」）。

とはいえ、ここまで私が記してきたことを読んだ読者ならご理解いただけると思うが、これらの部活動改革は残念ながらピント外れであると言わざるを得ない。最大の問題点は、改革のメッセージの宛先が学校と教師に対してのみであり、私が前述した「ブラック部活動」の要因である3要素、すなわち「文武両道」の価値観、「体育会系」の人材を過大視する社会、マスメディア・連盟団体などの利権組織に向けられていないのだ。部活動に熱中する学校や顧問教師を批判するばかりで、これらの根本的要因に厳しいメスを入れずして、改革が実現できるはずがない。

また、部活動指導員にしても、後述のように、実際に現場で機能し、定着する制度となるかは極めて疑わしい。ガイドラインで示されているように、部活動の平日の活動時間を2時間程度、土日を3時間程度としても、通常の教師の勤務時間からすればほとんど時間外勤務の残業になってしまう。

私は、これまで部活動を「生徒の自主性、自発性に基づく教育課程外の活動でありながら、学校教育の一環」として、あえて法令上あいまいに扱うことで教師に過酷な負担を強いてきただけでなく、連盟・協会という利権組織を放置してきたという点からも、文科省の罪は極めて大きいと考えている。どの教育政策もそうだが、制度を改革しなければならない状況では、まずその原因を作り出したことを謙虚に反省し、そこから問題点や改善点を見出《みいだ》して改革につなげることが不可欠だ。文科省もまずそこから始めるべきだろう。

ネットで発信される「ブラック部活動」

「ブラック部活動」が社会的に議論されるようになった一因にSNSがある。「部活動顧問をやりたくない」という意見を、一部の研究者や現職の教師がSNSなどのメディアでさかんに発信したのだ。確かに、教員の長時間労働の原因に部活動業務が存在することは文科省の調査（「教員勤務実態調査」）でも明らかであり、「部活動顧問をやりたくない」という教師が相当数存在することも前述の学術的な調査で明らかなので、こうした現実を社会に発信することは有意義であるし、必要でもある。

一方、私はこのように、SNSを含むメディアを利用して部活動批判を展開することには極めて問題が多いとも考えている。まず、教師がメディアを利用する際は、自分が代表者として選ばれたのではなく、すべての教師の意見を代弁しているわけではないことを明確に示さなければならないだろう。教師は日本に100万人以上もおり、メディアに登場する教師とは異なる意見も多くあるのだ。実際に、学術的な調査でも、前述のように「部活動をやり

たくない」が相当数である一方で、「部活動顧問をやりたい」という教師もまた相当数存在し、年齢層によっては「やりたい」教師のほうが多いということも事実である。そうであるならば、「部活動顧問をやりたい」教師はなぜそうなのか、その理由もメディアで伝える必要があるだろう。

教師には部活動の指導がやりたくて教師になった人もたくさんいるし、生徒にも部活動がやりたくてその学校に進学した生徒も多くいるのだ。一部のメディア上の意見ばかりが取り上げられ、その陰で彼らの気持ちが尊重されていない現状は、本当に正しい議論だとは思えない。実社会で役に立たない知識を目一杯詰め込んでいる学習内容にはノータッチで授業時間を増やす一方、実社会で役立つ経験が得られる可能性があり、やりたい教師や生徒がいる部活動を、彼らの気持ちを犠牲にしてまで削減することは、教育的にも正当化されるのだろうか。前述した部活動の練習時間のガイドラインでも、単純に時間で制限すべき話とは思えない。例えば、野球部とサッカー部では練習の仕方も試合の日程も異なるし、同じ部活動でも個人競技と集団競技では練習時間もまったく違うのだ。何もかも短絡的な議論で、部活動という日本の教育の重要な要素を削減してよいはずがない。

私が一番問題視するのは、メディアを利用して一方的に部活動を批判するあまり、「教師が部活動顧問をやるべきかどうか」という問題と、教師の「長時間労働」の問題が、同一視されて議論される風潮だ。両者は本質的にはまったく別の問題である。

確かに、部活動顧問は教師にとっては相当な負担だ。特に自分の専門でなく、経験したこともないスポーツや文化活動ともなれば、多大な労苦を伴う。しかも、部活動顧問は大会参加登録手続きや審判業務など、教師の仕事とは無関係の、前述の連盟が策定したルールに基づく雑用が極めて多い。本来は連盟が事務員などを雇用し、人件費を負担して実施すべき業務だろう。

しかし、部活動顧問として部のマネジメントを担当したり、生徒に対して技術指導したりすることは、教師の仕事の一部であるとも考えられる。担任としてクラスをマネジメントすることと、顧問として部をマネジメントすることには共通点があるからだ。実際に、優れた部の顧問の先生は、担任の先生としてもしっかりしていることが多い。また、生徒に何かを指導するという意味では、授業での教科指導と部活動指導は本質的に共通することから、優れた部活動指導者の先生は授業も上手でわかりやすいことが多い。これは私の実感だ。逆を言えば、顧問をきちんと経験していない教師は、クラス担任としての能力が不足していたり、授業があまり上手ではないことが多いのだ。

さらに、部活動の顧問をすることで、その生徒の勉強以外の長所を見出すこともできる。この章の冒頭でも述べたが、勉強が苦手でも部活動なら輝ける生徒は確実に存在する。そう

いった能力を磨くことで、教師として絶対に必要な、子どもの個性を多面的に見る観察力を向上させることもできる。

私もそうだったが、自分が経験したことがなかったり、専門知識がない部活動の顧問を担当させられるのは教師にとっては日常茶飯事である。そのことをポジティブに捉えるか、ネガティブに捉えるかは人それぞれだ。そもそも、「部活動業務がやりたくないからやらない」という姿勢は、社会人として適切だろうか。民間企業であっても急に未経験の部署に異動させられたり、住んだことのない地へ転勤させられることは当たり前であり、やりたくない業務を命じられてやらされることはいくらでもある。教師の部活動だけが特別理不尽というわけではない。

しかも、教師は子どもたちに苦手な教科も勉強するように指導する立場であり、それは将来、大人になった時に苦手な仕事もやり遂げる忍耐力を備えるためでもある。

実は、教師は自分が得意だった教科の教師になることがほとんどなので、その教科が苦手な子どもの気持ちや、わからない点を理解できないことがしばしばある。教科以外の不得手な仕事をやることで、自分が教える教科が苦手な子どもの気持ちを理解する術《すべ》を培っているともいえるだろう。その点からも、たとえ部活動業務をやりたくなくても、教師という仕事の意味を考えるとやる意義は大きいと私は考えている。

確かに、部活動顧問は教育課程外の業務であり、教員免許も必要ない。また、文科省ですら、中央教育審議会で発表した学校における働き方改革に関する答申で、部活動は「必ずしも教師が担う必要のない業務」に分類している。しかし部活動業務に教師として必要不可欠なスキルを向上させる要素があることは間違いない。

その点から考えると、若い年齢層を中心に「部活動顧問をやりたくない」教師が増えている点は、そもそも教師という仕事をなぜ選んだのか、教師という仕事を選んだ意義をどのように理解しているのか、私は疑問に思う。

もちろん、「部活動顧問をやりたくない」理由として、長時間労働を挙げる教師も多いだろう。長時間労働を前提にした現在の部活動顧問の在り方は当然否定されるべきだとしても、「教師が部活動顧問をやるべきではない」とまで考えるのは、必要不可欠なスキルの向上の機会を自ら放棄するようなものであり、専門職として研鑽《けんさん》が求められる教師として不適格ではないだろうか。

私は、メディアを利用して一部の教師が発信する部活動批判の背景に、「教師は授業に専念すべきであり、部活動顧問をやるべきではない」というメッセージが潜んでいるのではないかと懸念している。もし、日本の教育制度の中で授業だけをやりたいのであれば、塾や予備校の講師になればよい話である。そのため、私は「部活動顧問は教師が担うべき仕事であ

る」ことを前提に、現状の部活動の長時間労働を改善していくべきだと考えている。

ピントのずれた部活動指導員の設置

前述のように、文科省はこれまでの方針を転換し、部活動は必ずしも教師が担う必要のない業務として部活動指導員を普及させようと試みている。しかし部活動指導員は、文科省のお決まり「現場を知らない」感覚そのままの制度であり、定着するとは到底思えない。

まず、報酬の相場がまったく明らかでない。それもそのはず、部活動指導員が担当する業務は、これまで教師がほとんど無報酬で担当してきたからだ。部活動業務に対しては、教育委員会や学校法人はこれまで人件費をかけてこなかった。そこに対して、相応のコストを負担することはとても期待できない。報酬が低ければ当然有能な人材は集まらないが、逆に高報酬を支払うならば、これまで無報酬で業務を担ってきた教師は黙っていないだろう。

結局、これまで「学校教育の一環」でありながら「生徒の自主的、自発的な活動」として教育課程外に位置づけ、あいまいに運用してきた部活動業務の問題点が部活動指導員の報酬相場にも影響しているのだ。ちなみに、スクールカウンセラーは導入当初は国が全額人件費を負担していたため普及率は当初からかなり高かったが、部活動指導員の人件費の国の補助は3分の1しかない（残りの3分の2は都道府県と市町村が負担）。

しかも、スポーツ庁の通知によれば、部活動指導員は指導計画の作成、日常的な生徒指導、事故対応等も担当するとされており、前述の法令で明記された職務内容より広い。そもそも部活動指導員に教師の経験がない場合、生徒指導まで適切に担当することができるのだろうか（もっとも、担い手として最も多く想定されているのは、部活動指導経験が豊富な「元教師」なので、生徒指導経験もある）。体罰をふるったり、セクシャル・ハラスメントまがいの不適切な指導を行うリスクも否定できない。

また、第九章で説明するとおり、裁判では部活動中の事故に関して教師に非常に重い法的責任が認められている。このことから考えると、教師よりも部活動に関して専門知識も経験もある部活動指導員の指導の下で事故が発生した場合、教師よりもさらに重い法的責任が認められる可能性がある。このように過酷な法的責任を負うリスクもある仕事のなり手を探すのは容易ではないだろう。

しかも、部活動指導員はその導入の主眼でもある教員の部活動業務の負担を減らすことすら期待できない。スポーツ庁の通知によれば、教師の代わりに部活動指導員に顧問を担当させることもできるとされている。教師よりも専門的なスキルを持った外部人材として導入されていることからすれば、このことは当然だろう。しかし、同庁の通知では、教員の顧問を置かず部活動指導員のみを顧問とする場合には、その部活動を担当する教師を別途指定し、指導計画の作成、生徒指導、事故対応等の職務に当たらせると規定している。これでは、教師の業務が減るとは思えない。むしろ、教師としては自分で顧問をやるよりも、部活動指導員との連絡なども必要となり、かえって業務が増える可能性すらある。

さらに言えば、現状の連盟や協会が自主的に規律するルールでは、大会などの公式試合や行事の引率には部活動指導員ではなく教員の顧問が必ず立ち会うように決められている。したがって、部活動指導員の制度とまったく整合していないこうした連盟や協会の前近代的なルールにきちんとメスを入れなければ、結局顧問の教師が引率せざるを得ず負担はまったく減らない。

このような問題点を考えると、部活動指導員が現場で機能し、定着する制度とは到底思えないのである。

これからの部活動の在り方

「ブラック部活動」の温床であるマスメディアや連盟などの利権構造にメスを入れず、部活動指導員にも期待できない中で、日本の部活動はこれからもやっていけるのだろうか。

私が考える答えは一つ、「生徒の自主的、自発的な活動」に立ち返って「やりすぎない」ことである。そうでなければ日本の部活動は早急に立ち行かなくなるだろう。

前述のように、私は部活動は学校で教師がやるべき仕事だと考えている。部活動は「生徒同士や教員と生徒等の人間関係の構築を図ったり、生徒自身が活動を通して自己肯定感を高めたりする」といった教育的意義があることを確信しているし、教師にとっても顧問の仕事を経験することで、必要不可欠なスキルを向上させることができる。

教師にとって部活動を学校でやることが問題なのではない。部活動顧問を「無報酬で、過酷な法的責任を課され、強制的に担当させられ、際限なくやらされる」ことが問題なのだ。そのためには、まず前述のようにピントのずれた文科省の部活動改革を軌道修正する必要があるだろう。文科省がやるべきことは、「やりすぎる」部活動を作り出すマスメディアや、連盟・協会が牛耳る利権構造を解体させて、部活動指導員ではなく教師の数を増やすための予算を確保することと、部活動をやっても教師の勤務時間内で消化できるように、(後述する)膨大に肥大化した無駄な学習内容を減らしてスリムな教育課程にし、部活動をその中に位置づけることである。また、教育課程内の授業中の事故と教育課程外の部活動中の事故をまったく同一視して、顧問の仕事に過酷な法的責任を課す裁判所の判断も変更が必要だ。

部活動の本質を生徒の自主性と自発性に立ち返らせるなら、そのことを保護者も理解してほしい。顧問を担当する教師の報酬についても、受益者負担の原則を適用して保護者が報酬を支払うシステムの構築も必要だろう。部費を徴収してそこから顧問の報酬を確保する手段が法律上は最も合理的である。あるいは、第十章で提案するように、「役職手当」として部活動顧問の報酬を設定することも考えられる。

さらに、生徒の自主的、自発的な活動である以上、公式大会の数なども必要最小限に減らしていくことも検討する必要があるだろう。公式大会がなければ生徒が部活動をする目標がなくなったり、勉強以外の能力や個性を評価してもらえる機会が失われるかもしれない。しかし、学校教育の一環として行う以上は、勝利という結果だけではなく、過程を評価することこそ大切である。その意味では、公式大会以外の目標や評価基準を設定していくことは、連盟をはじめとした部活動指導者の責任に他ならない。

海外のクラブ活動の良い点を取り入れることも視野に入れてよい。例えば、アメリカでは、シーズンごとに生徒が参加する部活動が異なる形態を取っている。そうすれば、生徒は一年間に様々なクラブ活動を経験できるため、部活動の教育的意義をより体現できるし、教師も特定のシーズン中のみ顧問業務を担当すればよい。現状のように通年で同じ部活動を生徒も教師もしなければならない形態よりも合理的であるように思う。

現状の部活動の議論は、メディアを利用した一部の研究者や現職の教師によって批判ばかりが主張されており、建設的な「対案」を示すことができていない。特定の人間がメディアで議論をリードするのではなく、様々な教師が議論に参加して多様な意見の中から「対案」

を考えていく必要があるだろう。

スクールロイヤーと部活動

最後に、いくつかの相談ケースを紹介しながら、改めてスクールロイヤーの役割を考えてみたい。まず、顧問の仕事については、スクールロイヤーにはこんな相談がよくある。

【ケース　16】
中学校教師のササキ先生は、校長から「バスケットボール部の顧問をしてほしい」と依頼された。ササキ先生はバスケットボールは未経験だったのでやりたくないと思い、拒否したいと考えている。

部活動顧問の担当を依頼された場合、拒否することはできるだろうか。これについては、法律上、「拒否できる」とする説と「拒否できない」とする説が対立している。

後者から説明すると、部活動は「学校教育の一環」であるから、学校教育法37条11項で生徒の「教育をつかさどる」教諭の職務内容の一つであると考えられることや、教育委員会が制定する学校管理運営規則上も校長が部活動顧問を校務分掌の一つとして教員に担当させることができると規定していることから、職務命令として担当させることができると考え、「拒否できない」とする。

しかし、部活動の本質が「生徒の自主性と自発性」に求められるなら、教師の部活動顧問の仕事が強制的であると考えるのは無理があるのではないだろうか。また、部活動は学校教育の一環であっても教育課程外の活動であり、教員免許も必要ない。生徒の立場からしても、バスケットボールの経験のない先生が顧問になってもきちんと面倒を見てくれるのか不安になるだろう。したがって、私は、「拒否できる」と考えるほうが自然だと考える。

ただし、勤務時間内には原則として使用者から職務命令としてあらゆる業務を命じられることは、労働者としてやむを得ない。また、部活動の教育的意義や教師にとってのスキル向上の機会という点を鑑《かんが》みると、勤務時間内で、かつ経験のある活動の顧問であれば、職務命令として拒否できないと考えるのが妥当である。もっとも、勤務時間内だけで顧問業務を完結させることは現実的には不可能に近いため、現状では「拒否できる」と言わざるを得ない。

次の部活動中の事故はスクールロイヤーとしては弁護士として損害賠償理論の観点から重要なケースである。

【ケース 17】
サッカー部の朝練中に生徒ハヤトが怪我をした。朝練は自主練習として行われていたものであり、顧問のシライ先生は立ち会っていなかった。

この場合、シライ先生はどのような法的責任を負うだろうか。一般的に教師は「学校における教育活動により生ずるおそれのある危険から生徒を保護すべき義務」を負う。このケースで問題なのは、①部活動中の事故であること、②教師にとって勤務時間外の事故であること、の2点で、通常の学校事故と異なる。ところが、日本の裁判所は、部活動であっても通常の学校事故とまったく同じ法理で教師の法的責任を判断する。

まず、①について、部活動は学校教育の一環であるが、教育課程外の活動であり、教員免許も当該部活動の専門知識や経験も必要とされていない。にもかかわらず、最高裁判所は部活動が「学校の教育活動の一環として行われるものである以上、その実施について、顧問の教諭を始め学校側に、生徒を指導監督し事故の発生を未然に防止すべき一般的な注意義務」を負うとしており、部活動中の事故と通常の学校事故の法的義務をまったく区別していない。しかし、本来部活動は生徒の自主性と自発性に本質があり、教育課程外の活動であるのだから、教師が生徒を「指導監督」することを理由に法的義務を負わせるのは無理がある。

次に、②については、朝練は教員にとって勤務時間外なので本来は立ち会う義務もなく、そもそも法的責任を負うべき時間帯なのかも問題である。この点、最高裁判所は部活動が「本来生徒の自主性を尊重すべきものであることに鑑みれば、何らかの事故の発生する危険性を具体的に予見することが可能であるような特段の事情のある場合は格別、そうでない限り、顧問の教諭としては、個々の活動に常時立会い、監視指導すべき義務までを負うものではない」としており、原則として立ち会う義務はないと考えている。つまり、最高裁判所もさすがに勤務時間外に生じた事故について、立ち会う義務を課して教師に法的責任を負わせるのは無理があると判断している。

ところが、およそすべての教育委員会は、顧問は部活動に立ち会うことを求めている。また前述のように、連盟・協会は、ほぼすべての大会に関して、教師の引率がなければ参加できないルールを課している。このように、②については裁判所の判断以上に教育委員会や連盟・協会が不当に教師の法的責任を押し上げているのである。

こうした問題点を改善するためには、①について、裁判所が「部活動は教育課程外の活動であり、生徒の自主性と自発性に本質があるのだから、部活動中の事故については一般的な学校事故よりも顧問教師の法的義務が軽減される」とする判例法理を示すことが必要だ。また、②については、裁判所ですら立ち会い義務を原則として否定しているのだから、教育委員会の指示や連盟・協会のルールを早急に改めるべきだろう。

部活動での顧問の指導やマネジメントについても、スクールロイヤーにはよく相談がある。


【ケース18】

テニス部の生徒ユイカは、技術は十分ではないが、練習には毎回熱心に参加していた。しかし、中学最後の大会のレギュラー選考で、顧問のマツモト先生はユイカをレギュラーに選ばなかった。このため、ユイカの保護者から、「熱心に参加している生徒をレギュラーに選ばないのは、勝利至上主義であり、本来の部活動のやり方ではない」とクレームがあった。


顧問がレギュラーを部員の誰にするか決める権限は部のマネジメント業務の一環であり、著しく不合理な選考でない限り違法ではない。もっとも、選考である以上は基準を設けた上で、公平性や明確性を確保し、部員に選考理由を説明する透明性もあるのが望ましい。

このケースでは、一般的にモンスター・ペアレントのような不合理なクレームとは言い切れない。むしろ、部活動の本質が生徒の自主性と自発性にあるならば、大会での勝利を目的に技術力を最優先してレギュラーを選考する方法が不合理かもしれない。一方で、技術力は最も客観的で公平かつ明確な選考基準でもある。試合で勝利することで喜ぶ生徒が多いことを考えると、顧問としては技術力を優先してレギュラー選考する必要もある。

とはいえ、こういったことは往々にして起こっており、顧問教師は難しい立場に立たされ、過酷な心理的負担を負わざるを得ない。その原因は結局、文科省がいつまで経っても部活動をあいまいに扱っているからだと私は考えている。

部活動が学校教育の一環であり、生徒の自主性と自発性に基づく活動であることを徹底すれば、前述のように公式大会などを廃止するのも一案だろう。生徒の自主性や自発性を評価する基準も考案すべきだ。しかし現状は、あらゆることを現場任せにしている。このまま顧問を担当する教師に過酷な心理的負担を負わせるならば、まず文科省の職員が顧問を経験してから政策立案すればよいのだ。

部活動はスクールロイヤーにとって非常に悩ましいテーマである。正直に言って、「違法」「適法」の二つしか結論のない法律論では、部活動をやりたい子どもの最善の利益を実現することはできない。「教師にとって違法な残業」だからと言って、「部活動で勉強以外の個性を磨きたい」子どもの気持ちを無視するわけにはいかないのだ。

しかも、法律論としても教育論としても成り立つ現実的な「対案」を示すことは、スクールロイヤーだけでは不可能であり、社会的な議論が必要である。「ブラック部活動」ではなく「ホワイト部活動」を実現するには、メディアから流れてくる「部活動否定論」を訴える研究者や教師からの情報だけを鵜呑《うの》みにせず、現場で部活動顧問を担当する教師や、部活動をやりたい子どもたちにも実際に会う機会を増やし、部活動がどういう業務、活動であるのかを客観的に考察する必要があるだろう。

第九章

学校事故
――子どもと教師を守るために

学校で事故が起きたら

学校事故は典型的な法的問題であり、かつよく発生することから、スクールロイヤーの相談件数としてはいじめ以上に多い。しかも、教育問題として議論されることの多いいじめと異なり、損害賠償理論として昔から純粋に法的に議論されることが多かったため、もっぱら法的視点からの助言や対応策を示しやすい反面、背景にある教育的な争点を忘れやすい。それは、「危険な教育活動であり、法的責任が認められやすいからといって、子どもたちが楽しんでいる教育活動をスクールロイヤーが奪ってよいのか」という争点である。

まず、次のようなケースで読者の方が教師だったら、どう対応するだろうか。

【ケース　19】
小学校の休み時間に校庭で別々に遊んでいた児童レンとソラが衝突し、レンもソラも頭を打って転倒した。二人とも他の児童に連れられて保健室に行き、治療を受けたが、養護教諭が様子を聞いたところ、レンもソラも「大したことないから大丈夫。残りの時間も遊びたいからまた校庭に戻りたい」と答えた。

実際に読者の方が養護教諭の立場だったら、慎重を期してレンとソラの二人を休み時間の残りも保健室に待機させるか、教室に戻らせて安静にさせるかもしれない。また、より万全を期すならば、二人が頭を打っていることから、念のため保護者を呼んで病院に連れて行ってもらうかもしれない。もちろん、レンもソラも「大丈夫」と言っているので、そのまま校庭に戻して遊ばせてよいと考える人もいるだろう。

ただ、スクールロイヤーとしては、ほとんどの場合「最も万全を期した」回答になる。それは、この後に想定されるトラブルを見越してのことである。仮に、レンが後日頭部に後遺症を発症したら、保護者はどう学校に責任を追及するだろうか。養護教諭としてできる限りの手段を尽くしておくことが、とりあえず法的責任を免れる上では大切なことをスクールロイヤーは裁判例で知っているからだ。

逆を言えば、それくらい教師は子どもの安全に最善を尽くさなければならない立場なのである。

問題はこれだけではない。保護者側の弁護士なら、学校に対して、校庭で児童を遊ばせる際に万全の体制を整えていたかどうかも追及する。校庭に誰も見張っている教師がいなかった、児童の遊ぶエリアを分けていなかった、過去にも休み時間に何度も衝突事故があった、などの事実があれば、当然学校は責任を追及されるだろう。スクールロイヤーは、休み時間の管理体制についてあらかじめ事実を確認した上で、助言する必要がある。

とするならば、「そこまでして学校は休み時間に児童を遊ばせる必要があるのだろうか」という疑問が当然湧いてくる。本章で読者の方と考えていきたいのは、その点である。

次のケースはどうだろうか。

【ケース　20】
中学校の放課後の部活動中にバスケットボール部の生徒ツバサとハルキがけんかを始め、ツバサがハルキを殴ったところ、ハルキの歯が折れてしまった。顧問教師のイノウエ先生はけんかが起きる少し前までは練習に立ち会っていたが、二人がけんかをした時にはトイレに行って一時的にその場にいなかった。

第八章でも紹介したが、古い最高裁の判例では、「部活動顧問は常時立ち会う必要はない」

と示している。中学校のバレーボール部の練習中に部員と他の部活動の生徒との間で起きたけんかの事案である。その理由は、教師の立場から部活動中にけんかで怪我をすることまでは予見できないとされたからだ。

もっともハルキの保護者の弁護士なら、中学生は未熟で部活動中にけんかをすることもあるだろうから、顧問教師は当然予見すべきだったと主張してくるかもしれない。また、顧問のイノウエ先生はたまたまトイレに行っていてその場にいなかったが、もし立ち会っていたら、少なくとも歯が折れるほどの怪我を負うことはなかったと主張するかもしれない。

また、ツバサは加害者としてハルキの折れた歯の治療費を賠償しなければならないかもしれない。この点、学校事故で負傷しても、日本スポーツ振興センターの災害共済給付で通常の治療費ならば補填《ほてん》される。しかし、ハルキの歯を自由診療で治療したり、後遺症が発症したりすれば、ツバサはその分の支払いまで請求されるかもしれない。ツバサに賠償能力がなければハルキの請求の矛先は学校に向かってくる。

スクールロイヤーが学校事故のケースで相談を受けて想定する事態はこのように様々である。とはいえ、果たしてイノウエ先生はトイレに行くのも我慢してずっと部活動に立ち会っていなければならないのだろうか。読者の多くも疑問に感じるのではないか。もっと言えば、部活動顧問は担当したら最後、そのような過酷な義務を負うのか。

ケース19と同じく、「そこまでして学校で部活動をする必要があるのか」という疑問だ。

学校事故の原因

「学校」というイメージからは想像できないかもしれないが、日本の学校は実はとても危険な場所だということは「はじめに」で記したとおりだ。日本スポーツ振興センターの統計によれば、2018年に学校の管理下で発生した負傷・死亡・疾病の事故は、小学校で34万4087件、中学校で31万8734件、高校で25万5630件にもなる(図9)。

事故が最も起きている時間は、小学校は「休憩時間」、次いで「体育の授業中」であり、中学校と高校はいずれも「運動部の部活動」が最も多く、次いで「体育の授業中」である。なお、小学校では「給食」「清掃」の時間も事故が起きる時間の上位5位内に入る(図10)。

事故の原因については、小学校の遊具では、「鉄棒」が最も多く、次いで「雲てい」「ぶらんこ」が多い。また、体育の授業中では、「跳箱」と「バスケットボール」が他の種目と比べて多い。中学校の体育や部活動では、「バスケットボール」「サッカー・フットサル」「バレーボール」「野球」での事故が多い。また、高校もほぼ同様で、「バスケットボール」が最も事故が多く、次いで「サッカー・フットサル」「野球」での事故が多い。

こうした統計資料は、どのような教育活動において事故の生じる危険性が高いのかを示し

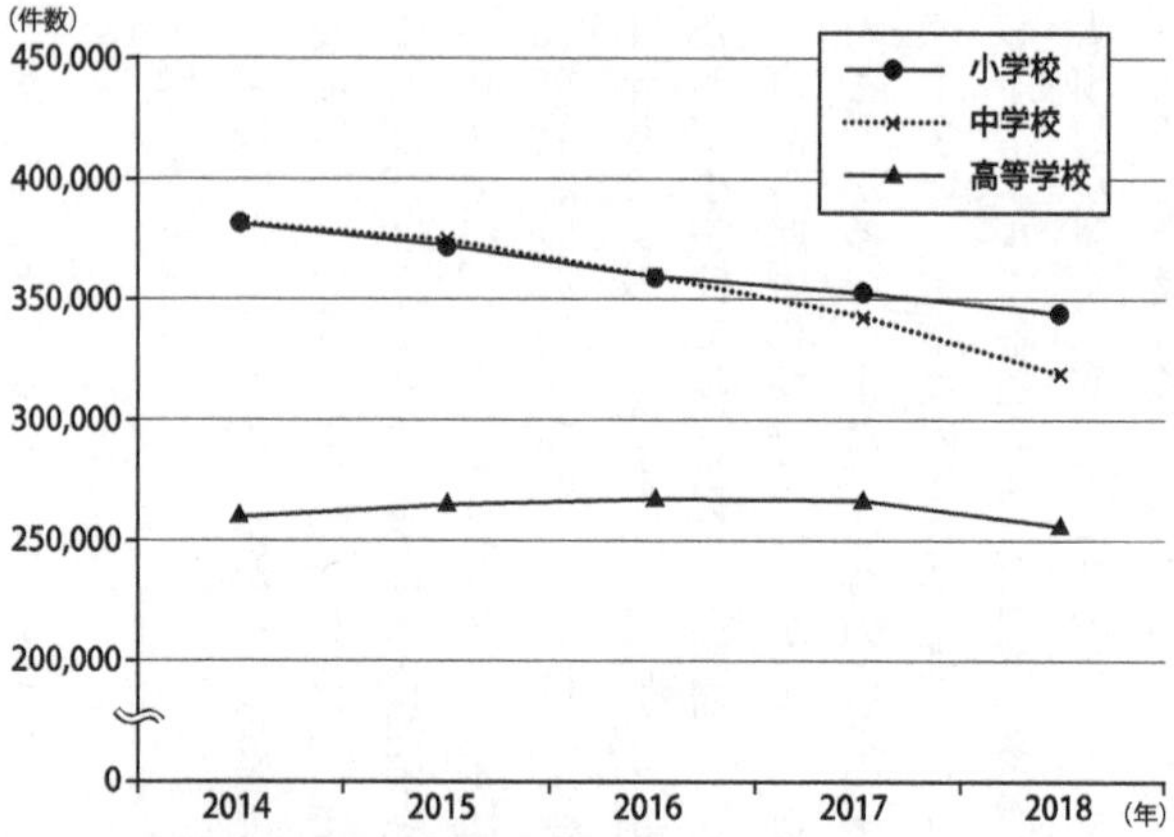

図9　学校事故発生件数の過去５年間の推移
（出典　https://www.jpnsport.go.jp/anzen/Portals/0/anzen/kenko/jyouhou/pdf/R1saigai/R1saigai08.pdf　をもとに作成）

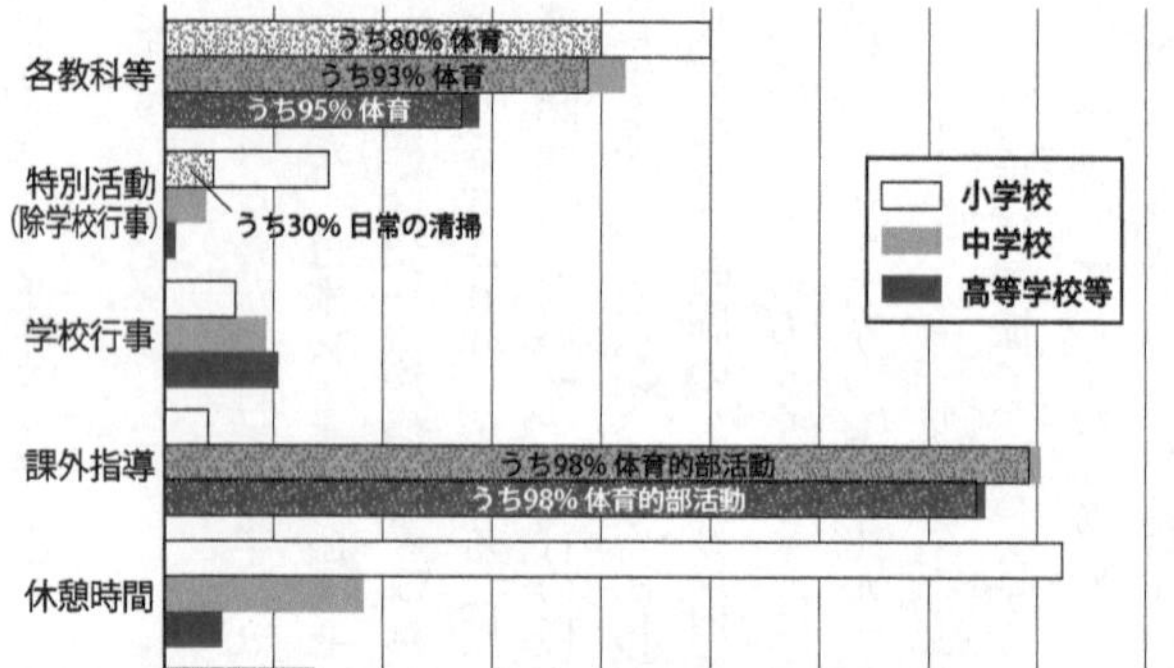

図10　学校事故が起きている時間
（出典　https://www.jpnsport.go.jp/anzen/Portals/0/anzen/kenko/jyouhou/pdf/R1saigai/R1saigai07.pdf　をもとに作成）

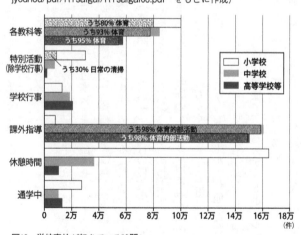

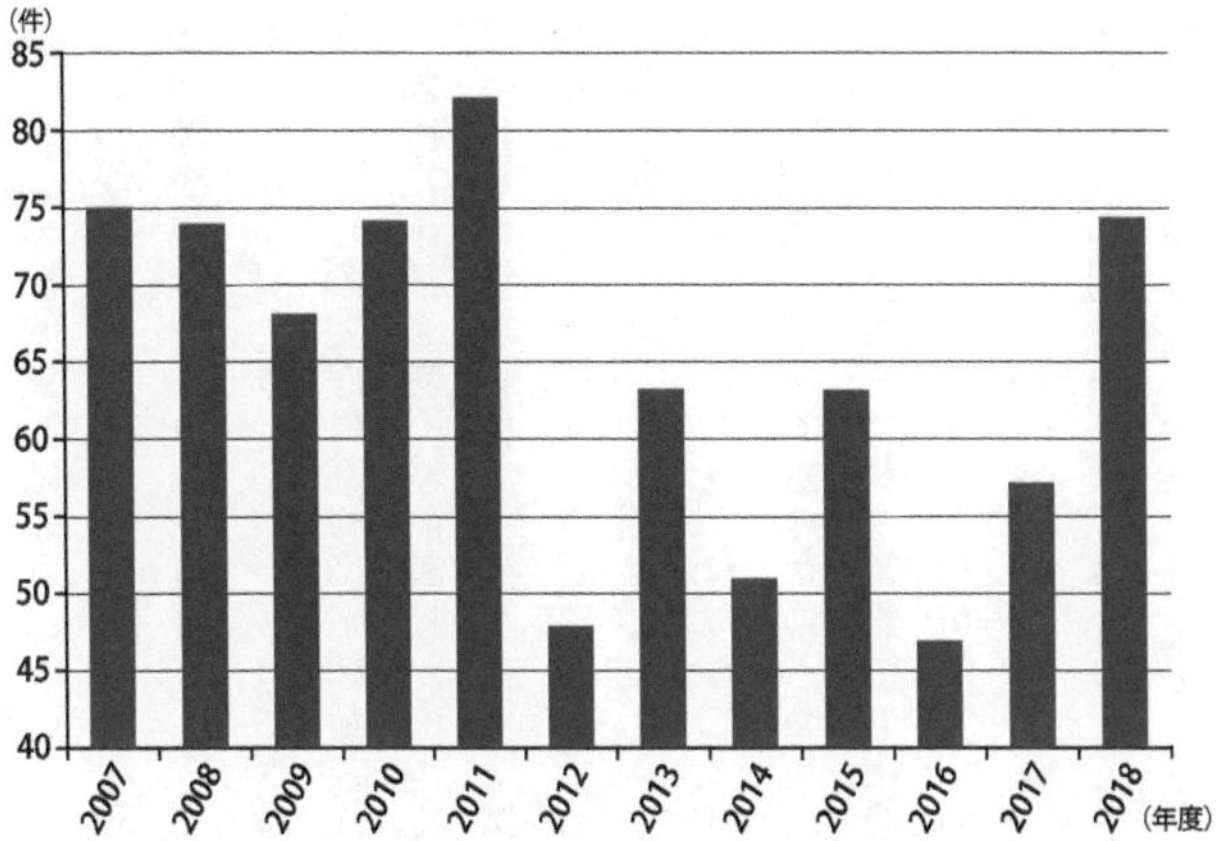

図11　学校での子どもの死亡事故(出典　図9と同)

ていて、後述するように、学校事故での教師の法的責任を考える上では大変重要だが、意外にも法律家は正確に理解した上で議論しているわけではない。

さらに子どもの死亡事故（図11）という、あってはならない事故は「休憩時間」「体育」「部活動」「水泳」「修学旅行」など、ほとんどの教育活動で発生している。「通学中」にもある。不用意に怖がらせるつもりはないが、子どもたちにとって、家を出て帰宅するまで、ある意味では「死」と隣り合わせなのだ。

教師に「過失」がある場合

学校事故で教師の法的責任が争われる場合、「過失」「因果関係」「損害」の三つの法律上の要件が争われる。いずれも認められなければば、教師の法的責任は成立しない。

このうち、法律家が最も議論するのは「過失」である。学校事故では「教師に事故を防ぐ法的義務があったか」を判断することになる。そして、法的義務は「教師にその事故が起きることが予見できたか」「(予見できたとして) 教師にその事故を防ぐことが可能だったか」という二つの要件に基づいて判断される。

「教師に事故を防ぐ法的義務があったかどうか」は、教師が与えられた職務に基づいて児童生徒に負う注意義務で、最高裁判所は「学校における教育活動により生ずるおそれのある危険から生徒を保護すべき義務」と示しており、一般的には「安全配慮義務」とも呼ばれる。この注意義務は、教師が個別に負っている具体的な職務に基づいて発生するものと、教師という職業が一般的に負うものの二つがある。

法的義務を判断するうちの一つ、「教師にその事故が起きることが予見できたか」は、「予見可能性」とも呼ばれ、裁判でも中心的に争われる要件だ。この判断は非常に難しい。なぜなら、裁判所が示す「予見可能性」のレベルがまったく一定でないからだ。例えば、朝の読書の時間に少しの間教師が教室を離れていた際に事故が起きた場合に「予見可能性がある」とした裁判例もあれば、体育の授業中に頭を打った児童を病院に搬送せず、後に後遺症が見つかった場合に「予見可能性がない」とした裁判例もある。そのため、正直なところ、教師がどこまで事故の発生を予見すればいいかという実務的な判断基準として、判例は役に立たない。

また、仮に事故が予見できたとしても、事故を防ぐために取り得る手段が教師にとって不可能であれば、過失は認められない。これは「結果回避可能性」と呼ばれる。ただし、実際の裁判では、教師は（理念上は）子どものためにあらゆる手段を講じる立場にあるという観念から、教師に結果を回避する手段が可能であったと判断されるケースがほとんどだ。法律家からすれば「予見可能性」のほうが関心事になりやすいが、教師からすれば、理論上は取り得る手段と実際の現場で取れる手段は異なるので、「結果回避可能性」のほうがよほど関心の的である（この点は、私が教師と弁護士の両方をやってみて感じたことである）。

「因果関係」と「損害」の判断

教師の法的責任の成立要件である「因果関係」「損害」も、裁判実務では重要な争点である。「因果関係」とは、「その（過失）行為があったならば、通常はその結果が発生するだろう」という関係である。ただし学校事故では「教師に過失があったために、その事故が発生した」と考えられるケースが多いので、因果関係が中心的に争われる裁判は多くない。例外といえるのが、いじめによる自殺が争われるケースである。教師の過失行為があったとしても、通常は自殺までの結果に至ると言い切れない可能性があるからだ。

学校事故では「損害」の内容も重要である。実際の学校事故では、ほとんどの場合において一種の保険制度が利用される。先に紹介したが、日本スポーツ振興センターの災害共済給付と呼ばれるものだ。基本的な治療費については給付金で補塡され、重大な負傷や死亡事故の場合は見舞金が支給される。

裁判で争われる「損害」の多くは、こうした災害共済給付で補塡されない損害で、「歯が折れたので自由診療で歯を取り換えた」費用などの特別損害や、「事故で精神的ストレスを受けた」などの精神的損害の慰謝料がその例である。

また、後遺症が残った事故や死亡事故では逸失利益と呼ばれる損害も争われる。これは、「その事故がなければ将来得られたであろう利益」のことだ。この計算はかなり定式化されており、子どもであっても将来得られたであろう所得を、全労働者の平均収入と労働できた時間である稼働可能期間に基づいて算出した係数を用いて計算する。とはいえ、科学的に分析するとかなり大雑把な計算で、批判も多い。

公立と私立、教師の責任の差異

教師の法的責任が追及される際の最大の問題は、公立学校と私立（国立も含む）学校で、問われる責任が異なるという点である。これは学校事故に限らない。

　公立の教師は原則として個人で法的責任を負わない。公立の教師は地方公務員であるため国家賠償法が適用され、地方公共団体が公務員である教師に代わって法的責任を負うからだ。もっとも、公立の教師も「重過失」、つまり、よほどひどい過失があるならば、代わりに責任を負った地方公共団体から求償され、個人の法的責任を負うことがある。

　これに対し、私立の教師は民法が適用され、原則として個人で法的責任を負う立場にある。ただ、私立の教師が裁判で訴えられる場合は、使用者である学校法人も使用者責任を追及されることがほとんどなので、実際は学校法人と教師が連帯して法的責任を負うことになる。

　この法律論は極めて理不尽ではないだろうか。教師の仕事は公立も私立もほとんど変わらない。同じ学校教育法が適用され、部活動も同じ連盟の下で大会に参加し競い合う。いじめが発生すれば、公立も私立も関係なくいじめ防止対策推進法に基づいて教師は法的義務を負う。にもかかわらず、事故が起きれば公立の教師は原則として個人責任を負わない一方で、私立の教師は負うのである。こうした教師の法律問題に関する「公私二元論」は、労働時間にも存在する（詳しくは第十章で説明する）。

　近年、訴訟保険に加入する教師も増えているといったら驚かれるかもしれない。学校事故だけでなく、いじめや生徒指導で児童生徒や保護者から訴えられるケースが多くなっていることを慮《おもんぱか》ってのことだ。奇妙なことに訴訟保険に加入している教師の大半は原則として個人責任を負わない公立の教師であり、私立の教師は圧倒的に少ない。本来であれば訴訟保険に加入すべきなのは、個人責任のリスクを負う私立の教師のほうなのである。ある意味では公立の教師が賠償責任の知識に乏しく、保険会社に騙《だま》されている側面があることは否めないし、私立の教師がリスクの高い立場に置かれていることに無知な点も問題である。

教師が「予見」すべきこと

学校事故で最も議論すべきことは、教師の法的責任を判断する上での「予見可能性」である。教師はどのようなことを予見しなければならないのだろうか。

大前提として、教師は教育の専門家であって、それ以外は専門ではない。教育の専門家として、一般的に必要とされる能力に基づいて予見できる事故について予見可能性を認める、というのが法的にも筋が通っているだろう。ところが、裁判所が教師に求める予見可能性はそうではない。

2011年に発生した東日本大震災では、宮城県石巻《いしのまき》市の大川小学校で、校庭でしばらく待機した後に避難を開始した多くの児童や教員が津波に巻き込まれて亡くなった。この事故はその後、教員や校長、市教育委員会の法的責任が裁判で争われた。事故の数年前に宮城県が実施した想定調査では、津波は小学校までは到達しないと予想され、小学校自体が避難場所に指定されていた。通常の感覚では、津波が小学校まで到達することは予見不可能だったとも考えられる。

しかし、第一審は地震発生直後の校庭待機中に、広報車がさらなる避難を呼び掛けていたことから想定外の大津波が襲来することは予見できたし、児童らを川沿いの場所ではなく裏山に避難させれば結果は回避でき、そうすることも可能であったとして、教員の過失を認めた。また、控訴審は市教委の指導の下に校長が作成した危機管理マニュアルに、一次避難場所（校庭）の次のレベルの避難場所があいまいにしか記載されておらず、さらに大津波などの甚大な災害レベルの三次避難場所を検討せず、記載していなかった点を、市教委や校長の過失と認定した。

こうした裁判所の判断からは、少なくとも教師は千年に一度の大災害であっても、発生直後に一般人よりもはるかに高い判断力が要求され、想定外の甚大な災害が生じることを予見して児童らを避難させる義務があるということになる。

教師という仕事が児童生徒の安全を守る義務があることは当然だとしても、まったく経験したことがないレベルの災害であっても一般人以上の判断力が求められる点は議論の余地があるのではないだろうか。私自身、未曾有《みぞう》の大災害にみまわれたとき、冷静な判断力を保って子どもたちを安全な場所まで誘導できるかどうかは正直自信がない。そもそも教師は、そのようなレベルの危機管理能力までは、教員養成課程において教育を受けていない。

裁判所が求める教師の予見可能性が非常に厳しい点は、災害だけに限らず、部活動においても同様である。

最高裁は、サッカー部の試合中の落雷事故で、「たとえ平均的なスポーツ指導者において、落雷事故発生の危険性の認識が薄く、雨がやみ、空が明るくなり、雷鳴が遠のくにつれ、落雷事故発生の危険性は減弱するとの認識が一般的」だったとしても、このような認識は事故当時の「科学的知見に反するものであって、その指導監督に従って行動する生徒を保護すべき」部活動顧問教員の注意義務を免れさせる事情とはなり得ないと判断し、顧問の過失を認めている。部活動顧問はたとえ未経験のスポーツであっても担当させられたら最後、教師は平均的な指導者レベルでは足りず、科学的知見に基づく危険性の認識まで要求されるのだ。

確かに、こうした裁判所の判断の背景には、何とかして被害者を救済したいという要望が存在するのも事実だろう。しかし、被害者の児童生徒を心配する気持ちは、加害者として訴えられている教師もまた同じなのである。

大川小学校事件では、教師らも津波で亡くなっている。教師の気持ちを法律論に反映させるならば、被害者だけでなく、加害者とされてしまう教師の救済も必要だが、残念ながら現在の法律家の議論はこうした視点には立っていない。

教師の法的責任を追及する論理以外で、被害者救済を図る法律論を早急に議論していくことが必要だ。例えば、現場の教師の責任を追及するのではなく、学校設置者の組織としての責任や、ひいては文科省の責任を追及する法律論である。学校事故の多くはそもそも危険な教育活動から発生しているのだから、そのような危険な教育活動を容認している文科省の法的責任がまったく問われないというのはおかしな話ではないだろうか。

危険な教育活動を学校ですべきなのか

これまで見てきたように、教師が予見しなければならない事故の結果は想像以上に広い。ほとんどの活動で事故が発生している事実を直視すれば、そもそも学校で教育活動はできなくなるのではないだろうか。本章の冒頭で述べたとおりである。

実は、この点は法律家がほとんど議論していない。危険な教育活動を教師にやらせるだけやらせて、いざ事故が起きたら過酷な法的責任を負わせる。この構図を知れば、常識ある人間は誰も教師になりたくないだろう。しかも、部活動の顧問は専門性も免許も持っているわけではないのに、事実上強制的に担当させられる。にもかかわらず事故が起きれば重大な法的責任を負わされるというのは、医師などの他の専門職と比べても過酷である。

では、教師や児童生徒が、学校事故を少しでも減らすためにできることは何だろうか。

統計資料を見ると、小学校では「休憩時間」の事故が最も多い。だとすれば、休憩時間は児童を教室で待機させて勉強させるのが事故を減らす最も確実な方法だろう。かつ学力も向上するならばこれほどよい対案はない。しかし休憩時間は、児童生徒の気分をリフレッシュさせ、友達とのコミュニケーションをとる機会でもあり、勉強以外の教育効果があるならば無視できない。

以上を鑑《かんが》みれば、「児童の安全に配慮すること」と「児童に多様な教育を提供すること」のいずれを優先するかの議論が必要となるだろう。ところが今は、教師に法的責任を負わせることを前提に、多様な教育を提供することになっており、本末転倒である。後者を優先すると決めたならば、前者については公立・私立問わず、教師が目前で行われた児童の危険な行為を明らかに放置していたなどでない限り、原則として文科省が責任を取るべきだ。

同様のことは、中学校や高校の部活動でもいえる。部活動中の事故は、中学校・高校とも「バスケットボール」が最も多い。そうであるならば、部活動としてバスケットボールを禁止するのが最も効果的な手段である。しかし、バスケットボールは比較的少人数で実施でき、チームプレイや戦術論も発達した球技であるため、勉強以外に得られる教育的意義は大きい。そのような教育的意義を優先して、あえて部活動でバスケットボールを実施するならば、教師が明らかに危険な練習を行ったなどでない限り、協会や連盟とそれを所管する文科省やスポーツ庁が原則として責任を負うべきだろう。

養護教諭と連携する

本章の冒頭で、学校事故は典型的な法律問題なので、スクールロイヤーが最も関わりやすいことを述べたが、実際の学校事故の対応では主役はスクールロイヤーではなく、養護教諭である。本章の最後に、養護教諭の存在について紹介したい。

養護教諭は近年になって注目されるようになったスクールカウンセラーやスクールロイヤーといった外部人材の専門職と異なり、法令で戦後の学校教育制度が成立した当初から学校内に存在する専門性の強い教員である（元々、日本の養護教諭制度は戦前の学校看護婦制度に由来する）。養護教諭は学校教育法で「養護をつかさどる」教諭であると規定されており、一般的には保健室で応急処置を行う先生というイメージだが、この応急処置が法的にはどういう性質の行為かというと、実は説明するのはなかなか難しい。養護教諭は医師ではないので、医療行為はできない。養護教諭が保健室で行う応急処置は、病院で医師に受診させるべきかどうかという「養護判断」と、医師に取り次ぐまでの処置を施す「養護行為」の２つの要素が含まれる。これは、法律上は事務管理（民法６９７条）とも考え得るが、裁判では安全配慮義務に基づく行為として扱われている。

しかし、今日の養護教諭の役割は保健室での応急処置だけではない。保健室登校、不登校気味の子どもなど、メンタルケアが必要な児童生徒への対応、いじめの相談（実は養護教諭がいじめの事実を最初に知ることも多い）、子どもたちへの健康教育、学校の衛生管理状況など、実に幅広く専門的な業務を担っているのだ。また、新型コロナウイルスによる休校、そして学校再開後に実践されている「学校の新しい生活様式」では、養護教諭が中心的な役割を担っており、その専門性はますます重要になっている。

私自身、養護の先生とは頻繁に連絡を取っており、スクールロイヤーを担当する学校でも見解を聞くことは多い。なぜなら、養護教諭は担任を持たないため、学校全体の子どもをいつも客観的に観察することができる立場にいるので、担任の先生だけでは認識できない事実や情報を知っていることが多いからだ。

そのため、スクールロイヤーが学校事故に関わる際には、まず養護教諭との連携を忘れてはならない。いじめ・不登校のケースでも同様である。学校事故の際には、養護教諭から得た事故後の最初の事実をできるだけ早期に、かつ正確に共有し、被害者の被害の程度を把握する。そしてどのようなケアが必要かを、養護教諭が養護の視点から、スクールロイヤーが法的な視点から、それぞれ専門性を持って判断し、連携する。これらのことは、学校事故を原因とするトラブルを適切に解決する重要なポイントである。

最近の養護教諭には看護師免許も持っている先生も少なくない。実際に、アメリカなど海外の学校では、養護教諭という職種は存在せず、スクールナースと呼ばれる看護師が学校に常駐することが多い。しかし、法律上は看護師免許を持っている養護教諭でも保健室で医療行為ができるかといえば、これはかなりグレーゾーンである。このことは、私のように弁護士資格を持っている教師が学校内でどんな内容の法律相談でもできるのかといえば、そうではないことと同じような話で興味深い。私もまた、保護者や同僚の先生から、離婚や相続から不動産や破産のトラブルまで様々な相談を受けることがあるからだ。私自身は教師としてふるまっていても、保護者や同僚の先生からすれば身近に法律事務所があるような感覚なのである。もっとも、いくら弁護士であっても保護者の離婚案件を子どもの担任の立場のままで受任するわけにはいかないし、そもそも法律事務所以外の場所（学校）で実質的に弁護士業務をすること自体もまったく問題がないわけではない。こうした場合は知人の弁護士を紹介して対処している。

私は研究者としては学校における外部人材、例えばスクールカウンセラーや部活動指導員などが、どのような専門性を持っており、学校現場にどのような影響を与えているかを研究している。その中で、学校の「外」ではなく、常に学校の「内」に存在して専門性を発揮する養護教諭の存在には、外部人材を活用していく上でのヒントが隠されていると思っている。また、看護師免許を持つ養護教諭のほか、臨床心理士・公認心理師の資格を持つ教員、社会福祉士の資格を持つ教員、そして私のように弁護士資格を持つ教員など、何らかの専門性を持った教員も学校現場で採用される時代になっている。こうした教員がどこまで専門性を活用させてもらえるのか、今後の学校現場の一つの重要課題だと考えている。

このように学校事故では様々な立場で様々な対応が考えられ、まだまだ議論すべき点が山積しているが、読者の方には、本章でも述べたような、危険な教育活動を教師に委《ゆだ》ね、事故が生じれば過酷な責任を負わせる現実がそもそも妥当なのかといった視点をぜひ持っていただけたらと思う。ひいてはそれが、子どもたちの生命や安全を大切にする教育につながっていくのではないだろうか。

第十章

教師の過重労働
——原因はたった二つ

深刻な労働問題の原因は二つ

これまでに延べてきたようにスクールロイヤーは、いじめや保護者対応に関わる弁護士として学校に導入することが想定されている。しかし、実はいじめや保護者対応以上に、最も深刻な法律問題は、教師の労働問題ではないだろうか。

ネットでは毎日のように記事が掲載され、研究者や現役教師の中にもSNSなどで教師の仕事の過酷さを発信するメッセージも増えている。教師の精神疾患による休職も高止まりし（図12）、過労死が労災や裁判で争われるケースもある。今や社会問題といっても過言ではないだろう。こうした状況の中で、教育政策としても、教師の労働問題は最重要事項として扱われている。中教審が学校の働き方改革に関する答申や公立学校の教師の勤務時間の上限に関するガイドラインを発表し、文科省内には学校における働き方改革推進本部が設置された。

とはいえ私も含め、現場の教師からは、働き方改革がうまくいっているとはまったく思わ

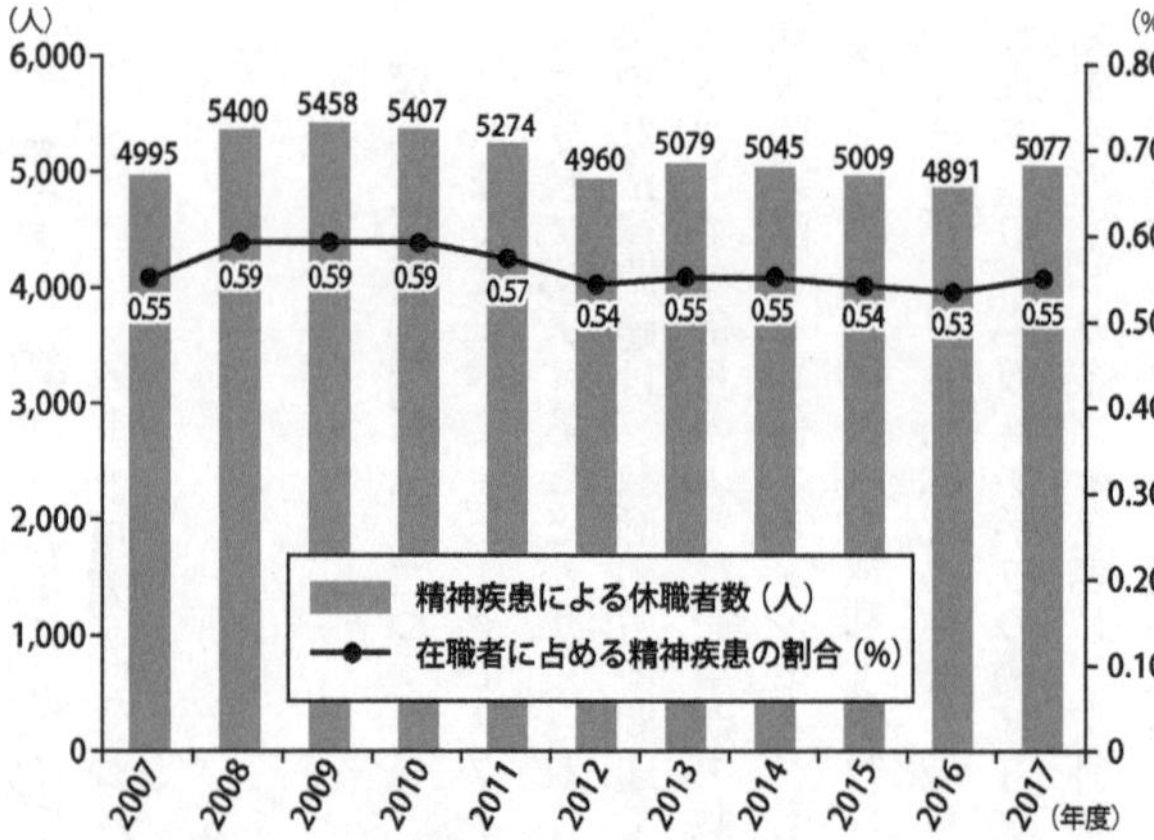

図12　教育職員の精神疾患による病気休職者数の推移
（出典　https://www.mext.go.jp/content/20191224-mxt_zaimu-000003245_H30_gaiyo.pdf）

れていない。それどころか、教師が一切望んでいない「一年変形労働時間制」（授業のある平日などの勤務時間を延長する代わりに、夏休みなどの勤務時間を短縮して、一年間の総労働時間を調整する制度のこと。本章後半で詳述）の導入など、現場のニーズをあからさまに無視した改革が進められている。

なぜ、教師の働き方改革はうまくいかないのだろうか。

その答えは簡単だ。教師の過酷な労働を生み出している原因を正しく理解していないからである。改革の前提となる問題の所在を正確に理解せずに、改革が成功するはずがない。教師一人当たりの労働を減らすには、「教師の数を増やすこと」と「業務量を減らすこと」の二つを実行すればよい。これは誰もが

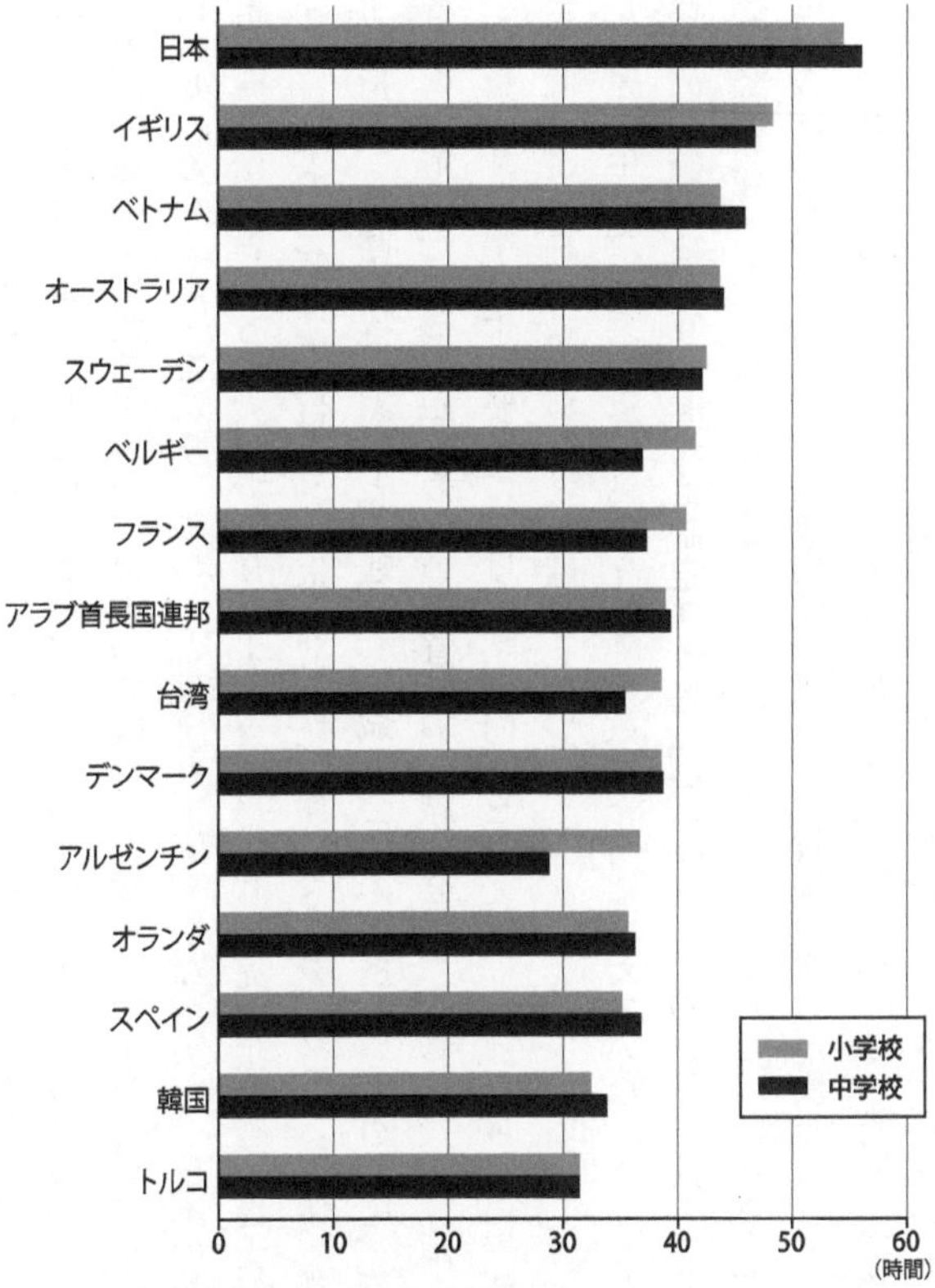

図13　教員の労働時間の各国比較（出典　https://www.nier.go.jp/kenkyukikaku/talis/pdf/talis2018_summary.pdf）

すぐに思い付く当たり前の答えである。ところが、どういうわけか教師の働き方改革ではこの二つを絶対に実行しようとしない。改革がうまくいくはずがないのである。

まず、教師の過酷な労働を生み出す最大の原因は「児童生徒数と業務量に見合う教師の数が圧倒的に足りないこと」である。このことは統計上明らかな事実だ。日本の教師一人当たりの児童生徒数は世界でも最大級であり、1クラス当たりの児童生徒数も最大級である（図13）。さらに日本の教師は業務量もまた世界最大級なのである。クラス担任、部活動、学校行事、生徒指導、進路指導、家庭との連絡、地域社会との連携、いじめ対応、不登校対応、発達障害への対応、行政機関からの各種調査依頼、職員会議、研修、授業評価、そして世界で最も学習量の多い学習指導要領における学習内容を教えなければならない授業。これらの業務を教師個人がそれぞれ担わなければならない。

しかし、児童生徒数と業務量に見合う教師の数は一向に増えていない。なぜだろうか。それは、日本の教師数は1958年に制定された「標準法」（正式名称は「公立義務教育諸学校の学級編制及び教職員定数の標準に関する法律」）によっているからだ。60年以上前の教育観によって定められた児童生徒数と学級規模に基づいて、教師の定数が決められているからである。現在の教師の業務量は、教師の定数を決める変数ではない。そのため、業務量に見合う増員が、そもそも法制度的に不可能なのだ。それどころか、文科省が標準法に基づいて児童生徒数と学級規模を根拠に教師の増員を要求しても、少子化を理由に財務省から抵抗に遭う状況が繰り返されている。

その一方で、教師以外の学校関係者は増加の一途をたどっている。例えば、スクールカウンセラー、スクールソーシャルワーカー、学習支援員などの外部人材である。第八章で紹介した部活動指導員や、全国に300人配置されようとしているスクールロイヤーもまたそうした例だ。では、こうした外部人材が教師の労働をどれだけ軽減しているのだろうか。驚くべきことに、その効果が学術的に検証されている例はほとんどない。「チーム学校」という名目の下に、現場のニーズに合わない外部人材を導入し、かえって連絡や連携などの雑務で教師の労働時間が増えている場合すら珍しくない。

40人クラスを一人の担任で面倒を見なければならない日本の教育制度は、過酷な労働の原因ではあるが、もし教師の数が2倍になれば、40人クラスを二人の担任で担当できることになり、教師一人当たりの業務量は間違いなく減らせるし、子どもにとっても担任が一人よりも二人のほうが、より相性の良い方を選べる。各クラス男女二人の担任による複数担任制なら、今よりもずっと子どもたちのニーズに適《かな》うクラス経営が可能だし、少人数学級のように教室数を増やす必要もない。

また、教師の数を増やせば部活動顧問一人当たりの業務量を減らせるだけでなく、部活動顧問を経験する機会も与えることができ、教師力の向上にも有用だ。

こうして考えると、業務量に見合う教師数さえ確保できれば、教師の労働問題もほとんど解決することがわかる。それだけでなく、理想の教育を実現することもできるのである。

にもかかわらず、文科省と財務省はこうした政策交渉をなぜ一向に行わないのだろうか。私にはまったく理解できない。

検討されない理由として、教師数の増員が予算上、現実的でないと言われるが、本当にそうだろうか。2020年度予算のうち、社会保障関係費は約36兆円だが、もしこれを教師の増員に充てれば生涯賃金2億円の教師が18万人も増やせる。今現在、教師は100万人以上いるが、業務量的にはまったく足りていない。18万人増やしても到底充足しないが、未来への投資でもある教育を担う教師の増員よりも優先して国家予算を投じる事項がどれほどあるのだろうか。

多すぎる業務を減らすには

もう一つ、教師の労働を改善するために必要なことは、世界最大級である日本の教師の「業務量を減らすこと」である。こちらは教師数の増員よりもずっと現実的だ。もし予算を理由に増員できないならば、業務量を減らせばよいからである。

しかし、こちらもまた一向に進む気配がない。正確に言えば、文科省は教師以外の外部人材を導入することで教師の業務量を削減しようとしているのだが、そもそも業務の総量を減らそうとはしない。それどころか、いじめ防止対策推進法などの新しい法律や教師の法的責任を拡大した裁判例などにより、業務の総量は私が教師になったころよりもさらに増えている。何かを導入する代わりに何かを削減するといった発想はまったく見られない。

とはいえ、業務量の削減が難しいことは私自身も感じている。なぜなら、「子どもに寄り添う」日本の教育のメリットも失われてしまう可能性があるからだ。

例えば、担任や生徒指導、進路指導などの業務を減らせば、海外と比べてもきめ細やかな、子ども一人一人に寄り添う日本の教育の良さは失われてしまうだろう。また、欧米の教師のように授業だけを教えてすぐに帰宅するようであれば、塾や予備校の講師と何ら変わらない。日本の教育は、学力向上や受験に特化した塾や予備校が発展している分、学校との役割分担も暗黙のうちに合意が形成されている。教師が授業を教えるだけなら学校の存在意義は無いに等しいだろう。また、日本の教師の給与水準は海外と比較して相対的に高い分、授業以外の業務にも従事すべき社会的責任もあると私は考えている。

以上の点を踏まえて、教師の労働問題を解決する上で私が指摘したいのは、早急に削減すべき「不要不急」の業務が存在するという事実だ。そうした業務を作り出す原因を除去することが何よりも不可欠だ。

原因として私が考えるのは、①部活動を支配する「連盟」、②学習内容を肥大化させる「学習指導要領」、③自分の業界の利益しか考えない「○○教育」、④行政によって製造される「無駄な調査と研修」、⑤学術研究の成果を軽視する「教育政策」、そして⑥教師に過酷な責任を負わせる「法律家」である。

以下、一つずつ説明していきたい。

連盟が教師を多忙にしている

部活動の連盟の存在は教師の労働問題と密接不可分の関係であり、実際に運動部や吹奏楽部など、多忙な部活動ほど連盟の権力と影響力が強い。連盟には学校単位でエントリーしなければならず、生徒の実績として指導要録や入試で評価される大会はほとんどが連盟主催である。

その連盟が規定する規約などのルールは全加盟校の部活動を拘束するため、ルールに従わなければ生徒は大会や試合に参加できない。そのルールでは、大会への引率として教員を規定している。部活動指導員や外部コーチではだめなのだ。加えて、部活動顧問は審判員や運営事務なども担当しなければならない。試合や大会は、原則として「土日祝日」に設定される。

つまり、教員の勤務時間外に試合や大会を設定し、大会引率や審判員などの業務を強制しているのは連盟なのである。その上、連盟は不祥事があった学校の部に対して、連盟内部の判断によって事実を認定し、処分を裁定するが、処分の手続きはほとんど非公開であり、密室で行われる。連盟の持つ処分権限は絶対的であり、各学校の部活動は事実上逆らうことはできない。この点は高野連や日本学生野球協会が不祥事の起きた学校の野球部に対して、真っ先に公式大会の出場停止などの処分を下す例でよく知っている読者もいるだろう。

部活動に関する教師の過酷な労働を削減するためには、連盟を廃止、もしくは極めて事務的なレベルに権限を縮小し、生徒の自主的・自発的な活動に根差した本来の部活動を実現するよう見直す必要がある。

学習指導要領と学習内容の肥大化

部活動以上に問題なのは、学習内容の肥大化がもたらす教員の多忙化である。部活動は課外活動なので教師の労働問題で真っ先に批判の対象になりやすいが、学習指導要領の肥大化については、「学校は勉強する場所」という名目やゆとり教育への批判もあって、ほとんど議論の対象になっていない。しかし、部活動には教育的意義はあるが、実社会でほとんど役に立たない知識まで学習させる学習内容の肥大化には、教育的意義を見出せるのだろうか。確たるエビデンスにも基づかず、どちらかといえば、社会的・政治的・経済的影響力が強い人間らが言い出せば、何の根拠もなく学習内容に取り入れられているのが実情だ。

例えば、小学校では英語教育が始まっている。しかし、ほとんどの時間を日本語で過ごす日本の学校で、日本人の担任が教える英語に、週に数時間触れるだけで英語力が向上するだろうか。

私が担当する高校世界史もそうだ。イギリス人でも知らないイギリスの王様の名前や、フランス人でも知らないフランスの文学作品を覚えなければならない。実社会で一番必要だと考えられる現代史の部分も、「全欧安全保障協力会議」とか「バオダイ」とか、むやみに細かい出来事や人名をただひたすら覚えていく。大局的な歴史の構造を教えるような内容になっていない(ちなみに「バオダイ」はベトナムの最後の皇帝の名前だが、ベトナム人でも即答できる人間はどれくらいいるだろうか)。

私がメインで教えている現代社会と、2022年度から新たに導入される新科目「公共」はもっとひどい。政治、経済、哲学、国際関係など、本来であれば大学ではそれぞれの独立した学部学科で扱う分野を、たった一つの科目に無理やりまとめている上に、内容は精選されておらず、整理もされていない。例えば、消費者教育は公共でも扱うが、他の必修科目である技術家庭科や保健体育でも扱う。三つの教科で内容が重複しているという非効率さだ。

こうなってしまう原因は極めて単純で、学習指導要領の改善に関わる中教審の委員である各界の著名な方々が、自分たちの専門分野は何としてでもぜひ学習内容に入れてほしいと主張して譲らないからである。つまり、大局的な視点に立って明日の人材を育てる学習内容を考えることがまったくできていないのだ。

近年策定された新しい学習指導要領は、「主体的・対話的で深い学び」、いわゆるアクティブ・ラーニングを全面的に導入している。そして、「何を学ぶか」だけでなく「どのように学ぶか」も重視して授業を改善することや、「社会に開かれた教育課程」を意識することが提唱されている。私もこうした新しい学習指導要領の方向性には全面的に賛成している。

しかし、その実態も残念ながら極めて歪《いびつ》だ。そもそも海外で実践されているアクティブ・ラーニングは、日本と比べて少人数学級で教師一人当たりの児童生徒数が少ない。学習内容も極めて精選され、分量も少ない。一方、日本では、教師数を増員して少人数学級を目指すわけでもなく、膨大な学習内容を精選するわけでもない。このままの状態でアクティブ・ラーニングを導入しようとすれば、授業準備のために教師に過酷な労働を強いるだけである。

「社会に開かれた教育課程」のはずなのに、実社会でほとんど必要ない出来事や人物を覚えなければならない学習内容によって、子どもと教師の双方に無意味な負担を課すことは絶対にあってはならない。教師の過酷な労働を解消するためには、部活動改革よりも、早急に学習指導要領に掲載されている学習内容を精選し、大幅に削減することが不可欠だ。

乱立する「〇〇教育」

学習内容の肥大化をもたらしている原因は、「〇〇教育」の乱立にもある。いつも、我先に〇〇業界から「これからは〇〇教育が必要だ」というまことしやかな定説が提唱され、何らの効果検証もなく、〇〇教育が導入されてきた。その結果、もはや収拾がつかない状況になっている。

文科省のホームページの見出しを見てほしい。新しい学習指導要領で列挙されているものだけでも、「プログラミング教育」「外国語教育」「道徳教育」「理数教育」「我が国の伝統や文化に関する教育」「主権者教育」「消費者教育」「特別支援教育」と七つもある。これ以外にも、給食指導を教師が行うべきだと提唱する「食育」はすでに何十年も前から導入されているし、私が担当する公民科では「ワークルール教育」「金融教育」「会計教育」「税の教育」など、各業界から提唱される「〇〇教育」がひしめきあっている。一説によると、21世紀に入ってから学校で実施するよう求められている「〇〇教育」は百種類以上になったのではないかとさえ言われている。

「○○教育」は、それを教えることのメリット以上に、教師の労働を増やすデメリットが大きい。○○教育を授業で実施するために教師は専門外の知識を研鑽する時間を作らなければならず、また時間割や進度、カリキュラムの調整といった準備をしなければならない。専門家を授業に招聘《しょうへい》する場合は連絡や連携のための雑務の時間も必要だ。しかも、そうして時間をかけて準備をして実施した○○教育の効果は、学術的にほとんど検証されていない。

こうした「○○教育」乱立の一端を担っているのが、実はスクールロイヤーを学校に派遣して「法教育」の普及を求める弁護士業界である。「これからは学校で法教育を行い、法的なものの見方や考え方を身に付けることが必要だ」と定説を唱えており、弁護士が学校を訪問する機会が増えている。しかし、法教育を実施するための準備で教師の労働時間が増えるならばどうだろう。教師の労働問題を改善すべき弁護士が労働問題を助長させているという皮肉である。

なお、私は法教育の重要性を弁護士と教師の双方の立場から強く感じており、決して法教育に反対しているわけではない。科学的な効果検証が必要であるとの考えから、こうした意見を主張している。ただ弁護士が学校に教えに来たい、という理由のために法教育の重要性を提唱するなら、もちろん反対である（弁護士自身が教育実習に行って教員免許を取ればよい話だ）。

結局、「○○教育」の問題点は、その業界での必要性と学校現場でのニーズが一致していない点にある。例えば、労働法に関する知識を教える「ワークルール教育」は子どもたちにとって確かに重要だが、教師のワークルールすら十分に守られていない学校でそれを教えるのはまさしく「反面教師」だし、ワークルール教育の準備で教師の労働時間が増えるならまったく意味がない。

また、「主権者教育」はもっともらしいネーミングだが、全国に何万といる外国籍の子どもたちが通学する今の学校現場で、そのほとんどは外国籍であるがゆえに将来有権者になれないことを考えれば、主権者教育という言葉を授業で用いることは明らかにマイノリティへの差別だろう。人権の専門家でもあるはずの弁護士たちがことさらにこのような言葉を使っている現状は到底許されない。

こうした「○○教育」をやる必要があるというのならば、教師の労働時間を増やしてまで行う前に、その教育効果を示すことが先だろう。

効果が見えない調査と研修

公立学校の管理職の先生たちの話を聞くと、行政から学校現場に依頼される調査にはとにかく無駄が多いという。「落ち葉を数える調査」といった、そもそも調査自体の目的や必要性がさっぱり理解できないものや（名目としては環境調査だという）、いじめや体罰の調査に関しても、同じような質問内容の調査が文科省、教育委員会、研究者などから重複して届くことも多い。そのために管理職の多大な労力と時間が必要となる。

研修も無駄が多い。日本の社会ではよくある話だが、教師のスキル向上が目的ではなく、法令上の義務や計画、予算獲得のために、不要不急の研修が多く実施され、もはや「研鑽のための研修」ではなく、「研修のための研修」と化している場合すら珍しくない。

無駄な調査と研修もまた、教師の労働問題で表立って議論されることはほとんどない。これは、調査や研修が法令上求められている悪しき制度上の問題でもあるため、早急に廃止すべきだろう。この点については、新型コロナウイルスの影響で研修の多くが中止になった2020年度の状況が今後、大変参考になると思う。研修がなくても十分教師の仕事は回ることが証明されるからだ。

教育政策に反映されない学術研究の成果

実は、教師の多忙は教育政策やマスメディアが取り上げるずっと前から教育学などの学術研究では一貫して研究されてきたテーマである。しかし、不思議なことに、こうした学術研究の成果が実際の教育政策に反映されたことはほとんどない。

近時、教師の業務負担に関して神林寿幸《かんばやしとしゆき》氏が画期的な研究成果を発表している。そこでは、統計資料や国際比較を用いた実証的な教師の多忙化の要因が示されている。

例えば、少年犯罪・不登校の児童生徒・特別な支援が必要な児童生徒・一人親世帯・非正規教員・日本教職員組合に加入していない教員が増加した都道府県では、精神疾患を理由に病気休職する教員も増加したこと、学校選択制と教師の労働時間の相関関係について、小学校では完全自由選択制を、中学校では隣接校域選択制を導入した学校で、教師の労働時間が長くなったこと、小学校では「地域対応」で、中学校では「生徒指導」で、それぞれ心理的負担を感じる教師が多く、不登校が多い中学校の教師は労働時間も長いこと、イギリスでも教師の労働問題が日本同様に議論されているが、イギリスでは学校評価制度が教師に多大な負担感を強いていることから、その見直しが検討されていること、などが紹介されている。その上で、神林氏は、教員免許取得課程において生徒指導のスキルを育成する必要性や、生徒指導の負担を減らす目的で教員を増員する必要性などを提唱している（なお、神林氏が用いた統計資料では、教師が事務処理に費やす時間について、手作業で行っていた1950年代と比べてコンピュータが普及した2000年代後半でも顕著な差がなかった点も興味深い）。

不登校などの生徒指導は子どもの背後に存在する保護者にも対応しなければならないため、結局、保護者対応も教師の労働時間の増大に影響していると推察される。しかし、実際の教育政策は、いじめ防止対策推進法、教育機会確保法、障害者差別解消法など、むしろ教師の生徒指導の負担を増加させる法律ばかりを制定しているといってよい。もちろん、こうした法律が子どもにとって必要であることは否定しないが、教師の労働時間を増大させている要因になっている側面を無視するわけにはいかない。

また、学校選択制や学校評価についても、教師の労働時間を増大させるリスクがあることを教育政策で十分配慮しなければならない。実際、こうした政策を受けて今の学校はどこも「特色ある学校づくり」に必死だが、こうした取り組みが教師の業務量を増加させることはあっても、減少させることはほとんどない。本気で教師の労働問題に取り組むならば、学術研究の成果を教育政策に反映させる姿勢が不可欠なのだ。

法律家は教師の多忙化の責任を担うべき

我々法律家にとっては耳の痛い話であるが、スクールロイヤーを導入するならば、法律家はこれまで学校現場を無視した法律論をふりかざしてきたことで、結果として教師の過酷な労働を生み出してきたことも反省しなければならない。

例えば、第九章で紹介したように、裁判所は教師に対して非常に高度の予見可能性を求めており、部活動・休憩時間・給食時間・清掃時間・自習中など、あらゆる時間と場所に立ち会って指導監督しなければならない義務を生じさせ、時間的にも精神的にも教師の労働に過酷なプレッシャーをかけている。また、第二章で紹介したように、いじめ防止対策推進法では、およそ社会常識からかけ離れた「いじめ」の定義を学校現場に持ち込み、教師の法的責任を必要以上に発生しやすくしている。教師はたとえ退勤時間を過ぎていても、生徒がわずかでも心身に苦痛を感じて連絡してきたならば対応しなければならない。

スクールロイヤーはむしろ、これまでの法律家が教師に押し付けてきた非現実的な法律論を見直すために教育紛争に関わる弁護士なのかもしれない。そのことで、間接的に教師の過酷な労働を軽減させられる可能性がある。

実は、ここまで説明した六つの原因を取り除けば、教師の業務量を劇的に削減できるだけでなく、世界でも理想の学校教育を実現することができるのだ。

例えば、実社会でとても役立ちそうにない知識を削減し、大人たちが業界のメンツにこだわらずに効果の怪しい「○○教育」を必修科目から削除する心意気を持って、子どもたちがこれからの社会で生きていく上で必要な学習内容に精選すれば、おそらく午前中の授業時間で終わらせることができる分量になる。そうすれば、午後は選択科目を中心として子どもが希望する学習を実施したり、部活動に参加する時間にできる。教師の勤務時間内に、合法的に部活動の指導ができるのだ。学習内容の分量が削減されれば、オンラインと通学で全学習内容が消化できる分量になるので、海外と比べて極めて遅れている日本のオンライン教育も実現しやすい。

ここに挙げた六つの原因を取り除くことは一朝一夕にはいかないが、少なくとも教師数を増員するよりははるかに容易であり、本当に教師の働き方改革を本気で実現するつもりなら、今すぐにでも着手すべきだろう。

過剰労働を生み出す古い法律

ここまで教師の働き方改革で絶対不可欠な「教師数の増員」と「業務量の削減」について紹介してきたが、そもそも教師の労働問題を考える上で、教師にとって「労働」とは何かという根本的な問いも考えてみたい。この点は意外と議論されていない。

教師にとっての「労働」を考える上で欠かすことができないテーマが、「給特法」と呼ばれる公立学校の教師に適用される特殊なワークルールである。教師の労働問題では、教師数の増員や業務量の削減以上にこの給特法が最も議論されている。

給特法は正確には「公立の義務教育諸学校等の教育職員の給与等に関する特別措置法」と呼ばれる法律である。この法律は、公立学校の教師に関しては、労働基準法の規定でなく、政令で定める四つの業務についてのみ残業を命じることが認められるものであり、かつ、その業務について、あらかじめ「教職調整額（給料の4％）」と呼ばれる手当を給料に加算して支給することにより、残業代を支払わなくともよいというものである（その他の事項は公立学校の教師も労働基準法が適用される）。

残業を命じることができる四つの業務は「超勤四項目」と呼ばれ、①校外実習、②修学旅行その他学校の行事、③職員会議、④非常災害や児童生徒の指導で緊急を要する場合その他やむを得ない場合、のいずれかに該当する場合で、かつ、臨時又は緊急のやむを得ない必要があるときに限られる。つまり、それ以外の業務については公立学校の教師に残業を命じることはできず、仮に法定労働時間外に四業務以外を行っていても、それは「自発的行為」であって残業ではないことになる。例えば、部活動や補習などは前述の四業務に該当しないので、部活動などで残業させることはできず、そもそも法律上存在しない残業なので残業代も支払われない（にもかかわらず、文科省はなぜか土日の四時間程度の部活動業務に三千円の「部活動手当」なるものの支給について予算を組んで認めているが）。

給特法は1971年に制定された古い法律である。この法律が制定される前は教師の残業代請求訴訟が相次いでおり、多額の残業代が裁判で認められていた。そこで、政府は「教師の仕事の特殊性」を理由に、残業代を抑制する給与体系を導入したのである。

給特法の給与体系は民間企業で導入されている「みなし残業代」に類似している。実際に残業量が給料の4%の範囲内であれば合理的な制度だが、今の教師の業務量は給特法の制定当時とは比較にならないほど増えており、給料の4%の調整額では到底見合うものではない。のみならず、給特法の存在により、教師が部活動顧問を事実上強制的に担当させられても「自発的行為」として扱われてしまい、「働かされ放題」の現象を生じさせてしまう。

一方、給特法はあくまでも公立学校の教師に適用される法律であり、私立学校の教師には労働基準法が適用される。そのため、私立学校では労使間で時間外勤務を命じることができる協定（いわゆる三六協定）を締結した上で、超勤四項目以外の業務についても残業を命じられる代わりに法定割増賃金の残業代を支払わなければならない。しかし、実際には多くの私立学校で公立学校と同様に三六協定を締結せず、「教職調整額」を給料に上乗せする給与体系が導入されており、労働基準法に形式的に違反する状態になっている。

もっとも、私立学校で違法な労働環境が多い背景には、給特法という異質な労働法制度が公立学校で存在することが影響している点は否定できない。私立学校の教師であっても、学校教育法やいじめ防止対策推進法など、公立と同じ法律が適用され、同じ教師の仕事をして、同じ共済組合の社会保険に加入し、部活動も同じ大会に参加して生徒を引率する。教育基本法も、公立と私立を区別せず学校はすべて「公の性質」を有すると定めているのだ。にもかかわらず、公立の教師は公務員という理由で給特法が適用され、私立の教師は民間企業の労働者として労働基準法が適用される。その「合理的理由」はどうしても見つからない（裁判所も公立と私立で教師の仕事が異なるとは一言も示していない）。このことは教師の過失で事故が起きた時に、公立の教師であれば国家賠償法が適用されて原則として個人責任を負わないのに対し、私立の教師であれば民法が適用されて原則として個人責任を負うのと構図が似ているが、この点は「公私二元論」の悪しき代表例としてその理不尽さが学説でも批判されているのだ。

そもそも、私立学校からすれば、公立学校は少子化の中で児童生徒を奪い合う強大な公的競争者である。しかも、日本の教育において部活動の実績や、進学率を伸ばすための補習などの取組みは、教育市場での学校選択における重要な判断材料である。そのような事情の中で、公立学校は教師に対して残業代を一切払わなくてもよいのに、民間企業である私立学校が同じことをすれば膨大な残業代を負担しなければならない。これは誰がどう考えても「民業圧迫」であり、他の業界ではおよそあり得ないだろう。私立学校で横行する違法な労働環境は、給特法が作り出していると言っても過言ではないのだ。

このように、給特法は公立・私立問わず、教師の労働問題の元凶なのである。

労働基準法は教師の仕事に向いているのか

では、給特法を廃止して公立・私立を問わずすべての教師に労働基準法を適用すれば教師の労働問題は解決するのだろうか。

最近では現場の教師や研究者、労働法を専門とする弁護士から「給特法を廃止して労働基準法を適用すべき」との主張がさかんになされている。教師も労働者である以上、労働基準法にのっとって仕事をすることはもっともな話である。しかし、多様な教師の働き方を、民間企業と同じように労働基準法一本で規律することができるのかといえば、私には不可能に思えてならない。

教師といっても、小中高、それに特別支援学校や幼稚園、高等専門学校など、校種によって業務内容は同じ教師とは思えないほど大きく異なっている。例えば、小学校と高校の教師では、一日の働き方はまるで異なるし、子どもや保護者から求められる仕事も違う。また、同じ高校でも、進学校と教育困難校で忙しい業務は全然違う。夏休みなども、担当する部活動によって業務量は異なる（冬に忙しい部活動もある）。これほどまでに働き方が違う教師を、一括《ひとくく》りに労働基準法だけで規律できるだろうか。

しかも、労働基準法を適用したら、本当に真面目で能力の高い教師が報われるのだろうか。次のようなケースの場合を考えてみよう。

【ケース　21】

ある学校の教師、キムラ先生は授業のない空き時間を利用して1時間で教材を作成し、定時で退勤したが、その教材は非常にわかりやすいと生徒に評判で、実際に学力も向上した。一方、教師、ハヤシ先生は空き時間はほとんど教材作成せず、定時後に5時間残業して自分の納得がいくまで教材を作成した。しかし、その教材は生徒にはわかりにくいと不評で、実際に学力も向上しなかった。この場合、キムラ先生とハヤシ先生、どちらが多く残業代をもらえるだろうか。

もし、教師の能力を考慮せず労働基準法を適用すれば、効率的に教材を作成し、定時で退勤して残業しなかったキムラ先生は一切残業代をもらえず、逆に5時間も残業したが大した教材を作れなかったハヤシ先生のほうが多額の残業代をもらえることになる。なぜなら、ハヤシ先生には確かに5時間分の在校時間が存在するからだ。しかし、この結論は誰がどう考えても不当だろう。能力の高いキムラ先生は報われないどころか、損をしているのだ。

このケースは、教師の労働では形式的に労働基準法を適用すると、かえって正義に反する結果を生じさせることを示している（ちなみに、このケースでハヤシ先生がキムラ先生よりも残業代をもらえることについては、労働法専門の弁護士は「当然」と考えているようである）。また、キムラ先生よりもハヤシ先生のような教師の働き方のほうがより残業代をもらえるならば、おそらく大多数の教師はより多くの残業代をもらうためにハヤシ先生のような働き方を選んで無駄な残業を増やし、その結果として教師の残業時間はかえって増えることになるだろう。教師の能力差を考慮せずに給特法を廃止して労働基準法を適用することは、教師の労働問題の解決にとって全く逆効果の「意図せざる結果」になってしまう。

このことは、教師の労働問題を解決する上では、教師の労働の特殊性がある点を決して無視することができないことを意味する。実は、給特法自体もまた、教師の労働が他の仕事と比べて特殊であるがゆえに制定された法律なのである。

教師の労働の特殊性

教師の労働が特殊であることは裁判所も認めている。例えば、給特法が争われた裁判では、教師の職務は本来的に自発性、創造性の要素が大きく、プロフェッションの一員として、一般的な職業とは異なった特質を持つことから、その職務と勤務の特殊性に応じた給与体系を定めることは合理的だと示す判決がある。また教師の教育活動は、内容の質・量において創意工夫で際限なく広がり得る特性を持つことから、単純に時間や結果によって計測できず、特殊な給与体系を講ずる必要があると示す判決もある。しかも、これらの判決は、教師の労働が特殊である点に関しては、公立と私立で区別して論じていない。法律論としても、「在校時間＝労働時間」と考えればこのケースのような不当な結論を招くことから、平均的な能力の教師が合理的に必要となる労働時間を判断しなければならず、実際に業務内容と経験年数から鑑《かんが》みて、やむを得ず残業せざるを得なかった時間を残業時間と考える裁判例もある。

私自身も、教師の仕事が他の仕事と異なる特質を持っている点は実感している。私に限らず、教師以外の仕事を経験したことがある人間は誰しもそう感じるだろう。教師の仕事は他に似ている仕事がない。

例えば、教師の仕事は裁量が比較的大きく、裁判所が示すように自発性や創造性が必要とされる点で、弁護士や研究者と似ている面がある。しかし、私は教師と弁護士と研究者の三つの仕事を同時に行っているが、その経験からしても、教師の仕事が、弁護士や研究者とも全く異なることを実感している。

確かに、教師が自分の教える教科の指導や授業の準備をする作業には、弁護士や研究者の仕事でも見られる裁量の広さや自発性・創造性が含まれる。しかし、生徒指導や保護者対応などで求められる裁量や自発性・創造性は、およそ教師以外の仕事では見られない（少なくとも、弁護士や研究者の経験だけでは全くできない仕事である）。これは、教師の仕事が「子ども」という生きた人間、それも一人として同じではない個性と能力と可能性を持つ子どもと日常的に接することに由来する特殊性だろう。

労務管理されるのもするのも嫌な教師

このことは、残業を抑制するための労務管理においても、教師には他の仕事と異なる配慮が必要であることを意味する。例えば、給特法を廃止してすべての教師に労働基準法を適用したとして、次のケースを考えてみよう。

【ケース　22】
ある学校の教師、サイトウ先生は勤務時間外に担任クラスの生徒ルナから、勉強や進路について悩んでいると相談を受けた。サイトウ先生はルナが初めて相談をしてきたので、これを機にしっかり信頼関係を築きたいと思い、管理職である教頭に対して残業を申請したが、教頭からは、緊急性がない相談ならば明日の勤務時間中にやるように指示され、残業が認められなかった。

労働基準法を適用するならば、民間企業のようにタイムカードなどを活用して労働時間を管理し、残業を抑制するために残業許可制を導入して労務管理を徹底する必要がある。しかし、民間企業と同様の労務管理の発想では問題が生じるのである。

このケースでは教頭が残業を許可しなかったことはあながち間違いではない。教頭の教師としての感覚からは、勉強や進路の相談は日を改めてじっくり相談するほうが効果的だと考えており、それはそれで教育論としてあり得るし、労務管理の観点からは適切である。しかし、サイトウ先生は、たとえ勤務時間外であっても今すぐにでも応じて、担任として信頼関係を築きたいのである。残業許可制がないのであれば、サイトウ先生は迷わずルナの相談に応じただろう。

このことは、そもそも教師の大半は法律にのっとった労務管理を望んでおらず、教師としての教育活動は専門職として管理されずに行いたいという気持ちのほうがはるかに強いことから生じる問題である。もし教師に民間企業と同様に労務管理を徹底するならば、管理職が教師と子どもの信頼関係の築き方から、ひいては教師個人の教え方や教材内容などの教育内容まで管理を及ぼすリスクも否定できない。

一方、管理職からすれば、教師の労務管理は非常に大きな負担増になる。なぜなら、民間企業と比べると管理職数が圧倒的に少ないからだ。ほとんどの学校には「校長」「教頭」しか管理職がおらず、二人で何十人もの勤務時間を管理しなければならない。いくら教師の仕事にも労働基準法を適用して労務管理を徹底すべきとはいえ、これではあまりに非現実的であることは読者の方々にも容易に想像いただけるだろう。

そもそも、勤務実態調査によれば、現状においても一般の教師より管理職のほうが多忙なのであり、それを知ってか管理職になりたい教員は激減しているのだ（東京都では管理職選考試験の倍率は1・1倍である）。このような状況で労働基準法を適用し、民間企業と同じレベルの労務管理を求めれば、負担はさらに増大し、成り手はさらに減るだろう。管理職の過労死が増えることにもなりかねず、本末転倒である。つまり、現状の教師の仕事のままでは、大半の教員は「管理されたくもない」し、「管理したくもない」のである。

このように考えると、給特法を廃止して労働基準法を形式的に適用すれば教師の労働問題が解決するとは到底思えない。むしろ、新たな問題が生じるだけだろう。したがって、スクールロイヤーが考えなければならないのは、給特法に代わるべき、公立・私立を問わずすべての教師の労働の特殊性に見合う新たなワークルールなのである。

教師にふさわしいワークルール

では教師にとって、どのようなワークルールがふさわしいだろうか。非常に難問だが、一つのヒントとしては、「教職が専門職である」という特殊性だ。教職が専門職かどうかは議論のあるところだが、少なくともユネスコが発表している「教員の地位に関する勧告」では、教職は専門職であると明確に定められているし、これまでの中教審の答申でも繰り返し述べられている。そのために必要な研鑽の機会が法律上も保障されている点で一般の仕事とは異なった扱いがなされていることは明らかである。

この点に鑑みて、実証的な教育法学の提唱を試みている研究者の坂田仰《さかたたかし》氏は、労働基準法38条の3が規定する「専門業務型裁量労働制」を教師に適用すべきであると提唱している。

裁量労働制は「業務の性質上、業務遂行の手段や方法、時間配分等を大幅に労働者の裁量にゆだねる必要がある業務」として厚生労働省が定める職種については、一日の実労働時間に関わらず所定労働時間を働いたとみなす制度である。裁量労働制はともすれば「残業代を出さずに働かせ放題」の状況を作り出すために悪用されるリスクがあるため、適用される職種は士業、大学の研究者、新聞記者、システムエンジニアなどに限定されている。しかし、教師の仕事は専門職であるがゆえに、前述のように裁量労働制を適用する要件である「業務の性質上、業務遂行の手段や方法、時間配分等を大幅に労働者の裁量にゆだねる必要がある業務」にまさしく当てはまるのではないかと思う。

ところが、文科省は一貫して教師に対する裁量労働制の適用を認めていない。教師は授業のコマ数などに拘束されているので、「裁量労働が存在しない」と強弁する有り様だ。

それどころか、前述したように2019年には、現場の教師からはまったく要望のなかった「一年変形労働時間制」の導入を決めた。「一年変形労働時間制」とは、例えば授業のある期間はあらかじめ一日の所定労働時間を長めに設定し、その分夏休みなどの期間を短めに設定して、一年間の労働時間を調整するという制度だ。教師の仕事が授業のある時期とそうでない時期で忙しさがかなり違う特殊性に着目した制度だが、そもそも教師の仕事が子どもという人間を育てる仕事であり、事務職やルーティンワークのように、予定どおり始まって終わるわけではない点をまったく考慮していない。授業のある期間であっても早く帰れる日もあれば、夏休みであっても部活動で事故があったり、生徒がいじめにあったりすれば簡単には帰れないのである。

しかし、裁量労働制であれば、こうした予定外の出来事があっても教師の裁量と自発性・創造性に基づいて労働することができるし、管理職の労務管理の負担も最低限に抑えることができる。確かに裁量労働制を導入したことでかえって実質的な労働時間が増加し、本来であれば残業代が支払われるべき成果量を裁量労働制の下で求められ、過重労働や使用者側の不当な残業代抑制の原因になるケースは後を絶たない。裁量労働制が導入できる業務が法令で厳格に限定されていることも、こうした弊害が存在するからだ。とはいえ、裁量労働制の下で組織全体の労働生産性が向上したり、能力のある労働者が効率的に成果を上げることができるようになるなど、機能しているケースが多々あるのも事実だ。そもそも、勤務弁護士もほとんどが裁量労働制で働いている。

現状のままで教師に裁量労働制を導入すれば、過酷な長時間労働が助長されるおそれがある。そのためにも、不要不急の業務や○○教育などの学習量を削減して、業務量を削減することは絶対不可欠だ。

同じ教師であっても、効率的に仕事をし、教育成果を出す能力の高い教師や、民間企業と比べて少ない人数で様々な業務を負担しなければならない管理職が残業代をもらえず、報われない状況は改善する必要があるだろう。そうでなければ能力の高い人材が教師を目指さなくなり、教育の労働生産性もいつまで経っても向上しない。年功序列型賃金と極端な正社員の解雇規制の下で、能力の高い人材が報われず、労働生産性が低いという日本の労働環境の弊害は、教師にも当てはまる。専門職としての特殊性や裁量が観念できる教師に対して、裁量労働制を導入することは十分検討に値すると私は考えている。

能力がある教師もそうでない教師も賞与は同額

とはいえ、教師の専門職としての側面は、他と比較してかなり異なる面があり、裁量労働制の適用で万事解決するわけではない。なぜなら、教師は弁護士や医師などの他の専門職と比べると、個人の能力差が極めて大きいからである。

教師は弁護士や医師と異なり、統一的な養成課程や国家試験が存在しない。例えば、教員免許は取得できる大学によって授業の内容やレベルも異なるし、免許取得のための国家試験があるわけではない。この点は司法試験や医師国家試験によって統一的な共通知識の取得を要求する弁護士や医師と大きく異なる。また教師には、司法修習や研修医制度のように、国によって研修内容が定められた統一的な養成課程も存在しない。そのため、専門職としての最低限の能力が要求される弁護士や医師と異なり、教師の能力差は極めて大きい。

個人の裁量の大きい教師の仕事で、個人の能力差が大きいことは、仕事上で深刻な不公平を生み出す。能力のある教師は限られた時間内にどんどん仕事をこなすことができるため、子どもたちや保護者、周囲の教師も、信頼して仕事を委《ゆだ》ねたくなる。一方で、能力の低い教師は同じ仕事をするにしても残業せざるを得ず、子どもたちや保護者、周囲の教師も仕事を頼まなくなる。その分、能力の高い教師に必然的に仕事が集中するようになる。結果、能力の高い教師が多忙化する一方で、能力の低い教師の仕事はより楽になり、不公平が生じる。

もし、民間企業であれば、能力が高く仕事で成果もあげている社員は他の社員と異なる高額の「賞与」によって報われる可能性もあるが、教師の給与は公立も国私立もおしなべて賞与額も一律であり、まったく能力や成果は反映されない。教師の仕事の成果は子どもや周囲の教師の能力、学校の事情などにも大きく影響されるので評価することが難しい。そのため、民間企業のように大きな賞与格差を設けることには私も反対だが、かといって能力の違いがまったく反映されない現状の一律賞与額は非常に問題である。

このような現実の中で裁量労働制を導入すると、能力の高い教師がいくら働いても能力の低い教師と同じ給料なので、到底報われない不当な状況になってしまう。そこで、私は裁量労働制を導入した上で「役職手当」を充実させればよいと考えている。

例えば、クラス担任を担当する教師には「担任手当」として月〇万円、多忙な部活動顧問を担当する教師には「部活動指導者手当」として月〇万円（「受益者負担」の考え方からは、部員から徴収した部費で手当を支給する方法もあり得る）、などのように、担当する役職に応じて手当を支給する。もちろん、管理職手当もこれまで以上に充実させて、残業代が支払われない分相当額の手当を支給すべきである。こうすることで、能力が高いがゆえに業務量の多い教師の賃金はきちんと増えるし、管理職に昇進したとしても残業代以上に手当をもらえるため、給与体系上も能力に応じた公正な評価をすることができる。あるいは、「役職手当」ではなく「賞与」で能力の高い教師を評価する方法もあるだろう。

本書では、これまで平等ばかりが重視され、能力に応じた公正な教育が意識されてこなかった点を度々指摘しているが、それは子どもの扱いだけでなく、実は教師の働き方に対しても同様だ。今の教師の給与体系は年功序列型賃金に基づく完全な横並び状態であり、平等であるがゆえに能力がまったく評価されない。能力に応じた公正な給与体系を導入するのは急務だろう。

教師の働き方に関しては労使間の関係も見直す必要もある。給特法を廃止してすべての教師に労働基準法を適用するならば、三六協定をはじめとする労使協定に関しても労働者の過半数が属する労働組合または過半数労働者の代表者が存在しなければならない。しかし、現在の学校現場では正規雇用の教師だけではなく、非正規雇用の教師、非常勤講師、さらには雇用契約で勤務する外部人材もおり、多様な労働者が存在する。そうした中では過半数が属する労働組合や過半数労働者の代表者が多様なニーズをくみ取ることは極めて難しい。教職員組合の組織率も労働基準法が制定された時代と比べて格段に低くなっており、現状の労働基準法が想定する労使関係では労働の多様性を反映させることができない。実際に、非正規雇用の教師の待遇は劣悪なまま放置されてきたのだ。

スクールロイヤーは教師の労働問題に関われるか

本章の冒頭で述べたように、教師の労働問題はいじめや保護者対応以上に深刻な法律問題だが、不思議なことに文科省や日弁連が示すスクールロイヤーの役割に、教師の労働問題が含まれていない。この点はすでに導入されているスクールロイヤーにおいても同様であり、ほとんどは教師の労働問題を扱っていない。

その理由はおそらく二つだろうと考える。一つは教師の労働問題はいじめや保護者対応と異なり、スクールロイヤーが法的な対応を試みても効果が少ないからである。例えば、小中学校の教師は子どもたちと一緒に昼食として給食を食べるが、この時間はあくまでも給食指導の時間であり、教師にとっては休憩時間ではなく労働時間である。そのため、教師には別途、勤務時間中に休憩時間が必要だが、実際にはほとんど休憩時間を取ることはできない。つまり、教師の給食指導をやめない限りは違法状態が継続されるのだ。

では、スクールロイヤーが違法な給食指導を止めるように助言することはできるだろうか。もし助言にしたがったところで、給食中に子どもたちに事故が起きた場合、責任を取るのは誰だろうか。また、教師の代わりに給食指導する人間を探すための予算を講じるのはスクールロイヤーではなく教育行政の役割である。「食育」は学校で是非とも必要だと考える日本の教育観の現実の下では、スクールロイヤーが法的な助言を行ったところで、ほとんど役に立たないのである。

もう一つの理由としては、スクールロイヤーの弁護士としての立ち位置の問題である。弁護士には「利益相反行為の禁止」というルールがあるため、利害関係の対立する当事者双方からの相談に応じることはできない。教師の労働問題は利害関係が極めて複雑だ。少なくとも学校設置者によって委任又は雇用されているスクールロイヤーが、労働問題に悩む教師から相談を受けることは極めて難しいと言わざるを得ない。

私は「教師型」のスクールロイヤーとしては職員室に勤務する立場なので、場合によっては同僚の先生から労働問題の相談を受けることもある。しかし、労働問題の相談は、仮にその先生の言い分を私が校長に話した場合、それがためにその先生が不当な評価を受けたり、働きづらくなってしまう可能性があるため、慎重に工夫して話さなければならない。このことは弁護士として利益相反行為や守秘義務に抵触するリスクがある行為でもあり、組織の中で勤務する組織内弁護士にとっては非常に難しい行為である（実際に、日本の組織内弁護士の大半は法務担当であり、人事労務は担当していない）。

また、ほとんどのスクールロイヤーは労働法よりも子どもの権利や民事介入暴力が専門の弁護士が担当するため、教師の労働問題はスクールロイヤーとしての専門性が活かされるケースとは言い難い。たとえ医師免許のある教師が学校に勤務しても、専門の診療科が異なれば病気の子どもに対して効果的な治療が必ずしも行えないが、スクールロイヤーも同様であり、「職員型」「教師型」として学校設置者から雇用されても、労働問題を正面から扱うのは極めて難しいだろう。

一方で、顧問として委任されたスクールロイヤーであれば、学校設置者側の立場から教師の労働問題に関わることは可能である。実際に、学校以外の組織でも外部の顧問弁護士が労働問題の相談を受けることは一般的だ。それでも、なぜ文科省や日弁連は、スクールロイヤーの役割に教師の労働問題を含めなかったのか。

スクールロイヤーが教師の労働問題に関わる際にも忘れてはならないことは「子どもの最善の利益」を実現する立場だということだ。しかし、現実には教師は子どもたちのために過酷な労働を強いられているのだ。

例えば、ある部活動をやりたい子どもたちのために顧問を事実上、強制的に担当させられる教師から相談を受けたスクールロイヤーはどう回答すべきだろうか。給特法があるとしても、残業代を出さずに顧問を担当させるのであれば、弁護士として当然に容認するわけにはいかないだろう。しかし、もし顧問を担当する教師がいなければ、子どもたちが部活動に参加する機会は失われてしまう。「教師に残業をさせないために、子どもたちに部活動をあきらめてもらう」という結論は、法律論としては妥当でも、「子どもの最善の利益」を実現するために導入されるスクールロイヤーの回答としてはどうだろうか。代替案として部活動指導員が機能するか疑問なのは、第八章で述べたとおりである。

結局、スクールロイヤーが労働問題に関わるならば、「子どもの最善の利益」を実現する立場から教師の労働問題を解決できる現実的な対案を示すという、極めて難しい問題に直面する。それでも、私自身はスクールロイヤーができる限り教師の労働問題に関して、教育に詳しい弁護士としての立場から、何らかの「提言」はしていくべきであると考えている。それは、本章でも批判的に説明したように、現状の教師の働き方改革はまったく方向性がずれているからだ。

「教師の働き方改革」の落とし穴

私は教師の働き方改革には重大な「落とし穴」が隠されていると考えている。

まず、本章では専門職としての教師の専門性を考慮したワークルールの必要性を紹介した。しかし、実のところ、肝心の教師の専門性について、教師は一体何が専門なのか、といった根本的な点で二つの考え方が大きく対立しているのだ。

一つは、もっぱら授業や教えることに教師の専門性を見出す立場だ。これは教師の能力（教師力）の中心が授業であるとする文科省の見解や、教師が本来の業務である授業（とその準備）に専念できるようにするのが「教師の働き方改革」であると位置づける現在の動向にも一致する。

もう一つは、授業以外の業務、例えば、担任、生徒指導、進路指導、部活動、いじめ対応などに教師の専門性を見出す立場だ。

確かに、教師は人に教える仕事なので、前者の立場も当然一理ある。海外の教師は紛れもなく前者の立場であり、教師は授業以外の業務はほとんどしない。授業が終わればさっさと家に帰る。しかし、日本の教師はそうではない。むしろ、授業以外の業務にこそ、日本の教師のやりがいがあり、そこが腕の見せ所でもあるのだ。

また、労働法的には前者の考え方もあり得るが、教育法的には後者のほうが正しい。なぜなら、教育基本法2条（次頁）が規定する教育の目標には授業だけで達成できそうなものは一つもないし、その教育をつかさどるのが教師だと学校教育法37条11項で定められているからだ。教師は授業以外の全教育活動で教育の目標の達成を目指す仕事なのである。

私は教師になって以来、卒業した教え子がいつまでも訪ねて来てくれることが一番の醍醐《だいご》味《み》だと感じているが（逆に、弁護士だと事件が終われば二度と会わない依頼者のほうが多い）、ただ授業が上手だっただけの教師のところに教え子が来るという話をほとんど聞かない。教え子が訪ねて来るのは、日常的にもっとも接していた担任や部活動顧問の教師、あるいは生徒指導や進路指導で親身になってくれた教師のところである。教え子がいつになっても来てくれる学校は、日本以外にはほとんどない。これはＡＬＴ（英語指導）として来日している教師たちが「日本の教育のメリットだ」と口を揃えて言うところだ。

第２条　教育は、その目的を実現するため、学問の自由を尊重しつつ、次に掲げる目標を達成するよう行われるものとする。

一　幅広い知識と教養を身に付け、真理を求める態度を養い、豊かな情操と道徳心を培うとともに、健やかな身体を養うこと。

二　個人の価値を尊重して、その能力を伸ばし、創造性を培い、自主及び自律の精神を養うとともに、職業及び生活との関連を重視し、勤労を重んずる態度を養うこと。

三　正義と責任、男女の平等、自他の敬愛と協力を重んずるとともに、公共の精神に基づき、主体的に社会の形成に参画し、その発展に寄与する態度を養うこと。

四　生命を尊び、自然を大切にし、環境の保全に寄与する態度を養うこと。

五　伝統と文化を尊重し、それらをはぐくんできた我が国と郷土を愛するとともに、他国を尊重し、国際社会の平和と発展に寄与する態度を養うこと。

しかも、今回の新型コロナウイルスは教師の専門性を考える上で重要な示唆を与えてくれた。それは、そう遠くない将来に、授業の大半はオンライン化され、ＡＩ（人工知能）によって提供されるか、もしくは選りすぐりの一部の授業の上手な教師の動画配信で行われるだろう、ということである。動画配信を担当する以外の教師はほとんど授業をやらず、せいぜいチューター役のような質問対応をするか、ＡＩやオンライン通信のメンテナンスをする役割になるだろう（実際に、海外ではすでにその動きが始まっている）。

私の知っている範囲でも、一部の学校では、各科目で一番授業の上手な教師にのみ動画を作成させてオンライン配信していた。知識を習得するだけならそのほうが子どもたちにとっても手っ取り早いし、大手の予備校ではとうの昔からやっている。そうなれば、授業に専門性を見出している教師は近い将来仕事を奪われるか、給料が激減することは必至である。

しかし、学校は知識を学ぶだけの場ではない。集団生活でのコミュニケーション、何かをやり遂げる遂行力や忍耐力、他人と比べて自分の個性を知る機会、そして何よりも体力。こういった、いわゆる非認知能力を育む場でもある。しかも、こうした非認知能力はオンライン教育だけで鍛えることは極めて難しい。そのため、オンライン教育がいくら発達しても、これからも学校に通う意義は確かにあると私は思うのだ。

これからの学校で教師に必要な専門性は、AIでもできる授業ではなく、集団生活で起こり得る人間関係のトラブルに対応する能力や、変化の激しい時代を生きる術《すべ》を教える知恵だろう。そう考えると、今のように「授業に集中したいから働き方改革をする」というのは、将来性を見通せていない方向性ということになりかねない。

「教師は忙しい」というイメージ先行も、実は落とし穴だと思っている。確かに、それは紛れもない真実だ。しかし何が忙しいのかは第三者から客観的に精査されたことがない。

文科省が行った「教員勤務実態調査」も、実はアンケート回答による自己申告である。民間企業で働き方改革をするのであれば、業務改善のコンサルティングをアウトソーシングし、社員の正確な業務量と無駄を精査するために一定期間、一日中張り付いて調査することが一般的だ。しかし、公立であれ国私立であれ、教師はこのような第三者による徹底した業務量の調査はされたことがない。もっといえば、教師の忙しさは、能力の高い人間の誰がやっても無理なほど絶対的に膨大な業務量なのか、それとも教師の能力が低いがゆえに効率的に業務量を処理できないがゆえなのか、区別できていないのだ。実際、遅くまで残っている教師もいれば、早く帰っている教師もいる。

このことは、日本の教職が本当に過酷なのかどうかをもう少し違った角度から見る必要があることを意味する。

また日本の教師は海外と比べると格段に給料がいい。

例えば、アメリカの教師は授業以外の仕事がほとんどないので日本の教師よりもはるかに早く帰宅できるが、給料は極めて安く、多くの教師が夏休み中にアルバイトをしている有り様だ。一方、世界でも最も高い教育力を誇るフィンランドは、教師の勤務時間も日本よりずっと短く、収入も良い。しかし、フィンランドの教師は原則として修士号以上の学歴でなければなれない。

そのようなフィンランドのレベルに遠く及ばない人材でも、日本の教師になれば労働者の平均以上の収入と定年までの安定を保障してもらえる。日本でもグローバルな競争をしなければならない業界で初任給を格段に高くしてでも優秀な人材を獲得しようと競い合っているし、就職してからも同期で出世に激しい差があったり、賞与が何百万も違うというのが当たり前の時代である。

そういった社会状況の中で、今の教師の労働はほかの業界と比べて本当に過酷なのだろうか。教師であっても少子化で、市場の縮小が絶対に避けられない厳しい業界で働いていかなければならないにもかかわらず、本当に今のまま無駄の多い業務量と競争が全くない一律の賃金体系でいいのだろうか。

私は、こうした「落とし穴」を考慮せずに教師の過酷な労働に関して偏った立場からのメッセージがメディアやSNSで発信されており、子どもたちの未来を担うにふさわしい学生が教師になるのを避け始めている風潮を大変憂慮している。私の教師としての経験から言えることは、日本の教師に必要な能力や適性は学歴とは無関係であり、まさに人間力の勝負であるという点だ。弁護士だからといって教師にふさわしい能力や適性があるわけでもなく、型破りで特殊な経験をしてきたからふさわしいというわけでもない。本当にふさわしい人間がならないなら、結局教師の待遇も社会的地位も今以上に低下せざるを得ないのだ。

本章で紹介したように、教師の労働はそもそも他の仕事とは異なる特殊性がある。それこそがこの仕事の魅力でもあり、やりがいでもある。経済的利益を求めてやる仕事でも、労働者という意識でやる仕事でもない。民間企業と同じ給与水準と労務管理を求めるならば、民間企業で働けばよく、授業だけに専念して部活動をやりたくないのであれば、塾や予備校で働けばよい。そもそも、学校という閉鎖的な環境でしか通用しない経歴やスキルの教師のレベルで民間企業に転職できる汎用《はんよう》性があるのかも疑問である。

「教師の働き方改革」というと現状では教師の仕事に関して後ろ向きのメッセージばかりが目立つが、本章で示したように、日本の教育のメリットを合法的に実現する対案を、教師、スクールロイヤー、そして子どもたちが議論する姿のほうがよほど健全ではないだろうか。読者の方々も日本の教師が海外といかに違うか、どうすれば教師のやりがいを失わせずに本当に子どもたちのために全力で働く能力のある教師が報われる公正なワークルールが実現できるのか、スクールロイヤーと一緒に議論してほしいと願っている。

おわりに

マルクス・アウレリウス・アントニヌス

高校で世界史を履修した読者の方々は、頭の片隅にこの何かの呪文のように長い人名を暗記するのに苦労した記憶がかすかに残っている人も多いだろう。古代ローマ帝国の最盛期である五賢帝時代の最後の皇帝であり、ストア派の哲学者でもあった、世界史きっての著名な人物だ。

では、マルクス・アウレリウス・アントニヌスの名前を知っていて、実社会で役に立った機会があったと答える方はどれくらいいるだろうか。おそらく、一人もいないだろう。私も世界史の教師にならなければ、社会人になってその人名を使うことはなかった。

実は、高校の世界史の教科書には昔から今に至るまで一貫してマルクス・アウレリウス・アントニヌスの名が記載されている。その一方で、新型コロナウイルスの流行で話題になった約100年前のインフルエンザ（スペイン風邪）のパンデミックは、世界史・日本史のいずれの教科書にも記載されていない。限られた時間の中で、授業だけでなく部活動や学校行事など、様々な教育活動に参加し、これからの社会を築いていく高校生たちに対して、マルクス・アウレリウス・アントニヌスの名前を暗記させるのと、パンデミックの知識を伝えるのと、どちらを優先して歴史の授業で教えればよいのだろうか。

誤解を招かないように付記するが、私は実社会で役に立つかどうかわからない「教養」を決して軽視していない。私自身、大学受験で一般的な文系の高校生よりも多くの教科を教養として学習したが、その経験が多角的な視点を養い、多様な人脈を築く際に役立つことを実感している。また、大学教員となった今、研究資金を集めやすい研究ばかりが注目され、地道で実直な基礎研究や理論研究が軽視されている状況を憂えている。

しかし、同時に「教養」は時代によって変化するものだ。本書でも説明したが、日本の教育が子どもに学ばせる学習量は極めて多い。しかし、本当に実社会で必要な知識を「精選」しているだろうか。現在の教師の労働問題の議論では、部活動ばかりが批判される一方で、学習量の削減は全くといっていいほど主張されていない。だが、部活動で得られるものと、古代ローマの皇帝の事績を勉強することで得られるものは、どちらが子どもたちにとって生きていく上で優先されるべきなのだろうか。

もし、午前中だけで勉強できる量に「精選」された必要不可欠な学習内容をしっかりと勉強し、午後からは世界史に関心がある生徒は世界史の授業を、部活動に励みたい生徒は部活動を、それぞれ選択すれば、生徒は限られた高校生活でやりたいことを選べるし、教師は勤務時間内に部活動ができるので、誰も困ることはない。

とどのつまり、今の教師の労働問題は、本当にこれからの社会で生きていく子どもたちの目線から議論されているのだろうか。

子どもの視点が欠けた教育政策

百種類以上あるともいわれる〇〇教育。日本のような大人数学級でのアクティブ・ラーニング。思い付きのように進められる大学入試改革。何のエビデンスもない教育政策が繰り返され、今の学校は子どもも教師も完全に疲弊し、いいようのない閉塞感が漂っている。

こうした閉塞感を一挙に取り払うことができる機会が２０２０年に訪れた。新型コロナウイルスの流行による一斉休校と、それに伴う「９月入学移行」と「オンライン教育」の導入の検討である。

しかし、一斉休校から半年が過ぎた今、ほとんどの学校では以前と全く変わらない教育がまた戻っただけである。

「オンライン教育」は一部でわずかに進展があったものの、結局はこれまで教育政策上でオンライン教育の整備を優先してこなかった失態と、オンライン化に到底対応できないほどあまりにも肥大化し、アクティブ・ラーニングにもこだわった学習内容が足かせになり、他の先進国はおろか、発展途上国よりもはるかに低水準でしか実現していない。学校再開直後に見られた分散登校も、普段よりも子どもたちが少ない分、一人一人が良く見えると感じた教師は私も含めて多くいるが、これを機に教師を増やして複数担任制や少人数学級を実現しようという政策は全く出てきていない。

そのような中で、子どもたちにとって一生の思い出になる学校行事や部活動の大会ばかりが次々に中止になり、涙を呑んで受け止める子どもたちの姿は、教師として本当に見るに耐え難い光景だった。さらに休校で激減した授業時間にもかかわらず、夏休みを返上してまで肥大化した学習量を頑なに堅持し、子どもたちや教師を疲弊させている。

つまり、今回の新型コロナウイルスの激動の中でわかったことは、「日本の教育政策には子どもたちの目線で考えるスタンスが決定的に欠けている」ということだ。こうしたスタンスである限り、いくら法律を制定したところで子どもたちを救えるはずがない。今となっては、せめて新型コロナウイルスで判明した学校の不要不急の業務が、これを機に中止になることだけを切に願うばかりである。

スクールロイヤーができること

子どもたちの目線で考えられない教育政策の下で、スクールロイヤーは何ができるだろうか。

本書では繰り返し、教育と法が本質的に相容《あいい》れないケースを紹介してきた。法律には「適法」か「違法」かの二つの結論しかない。でも教育はそうではない。だからこそ、スクールロイヤーは「適法」「違法」だけを判断するのではなく、教育的視点も踏まえて現実的な対案を示さなければならないのだ。

スクールロイヤーの現状は決して順風満帆ではない。にもかかわらず、スクールロイヤーを理想化するかのような無責任な論調も目立つ。そもそも、スクールロイヤーは教師の負担を軽減する目的ではなく、教師に対する不信感から導入された制度であることを忘れてはならない。事実、いじめなどの不祥事をきっかけにスクールロイヤーを導入した自治体は少なくないのだ。

弁護士だからといって教師よりも適切に対応できるのかといえば、そんな保証はどこにもない。多感な学生時代を司法試験の勉強に明け暮れ、社会人経験もほとんどない人間が大半の弁護士が、教師よりも豊かな人間性とコミュニケーション力で子どもが抱える問題を解決できるのだろうか。教育のことを何も知らない弁護士が、教師に対する不信感の上に築かれたスクールロイヤー制度を担おうとしても、教師との信頼関係を築くことは難しいだろう。

私が本書の最後で読者の方々に伝えたいことは、スクールロイヤーの制度設計を議論するスタンスを大切にしてほしいということだ。その上で、私はスクールロイヤーの制度設計について、三つのことを提言したい。

第一に、スクールロイヤーが子ども本人に会える制度にすることだ。現状のスクールロイヤーは、「子どもの最善の利益」を実現する弁護士を自称するのに、肝心の子ども本人に会える制度設計になっていない。子ども本人に会わずして「子どもの最善の利益」を適切に判断するのはほとんど不可能である。

第二に、スクールロイヤーが公費で依頼されて学校に助言するならば、保護者にも公費で弁護士に相談できる制度を別途導入することだ。そうでなければ納税者である保護者にとっては不公平感がどうしても生じるし、本書でも説明したが、保護者に能力のある弁護士が付いてくれたら、スクールロイヤーとしても紛争解決がやりやすい。

第三に、スクールロイヤーを「チームとしての学校」の一員として扱う制度を築くことだ。スクールロイヤーが担任、養護教諭、カウンセラー、ソーシャルワーカーなどと情報を共有し、それぞれが異なる専門性を活かして子どもたちのために協働して対応する。このことが教師の負担を減らし、働き方改革にもつながる。そのためには、スクールロイヤーが他の専門職の視点や考え方をもっと勉強し、連携を図るスキルを磨く必要があるし、教師もまた異なる専門性を持った人材をチームの一員として信頼する感覚を養う必要がある。

これ以外にも、もしスクールロイヤーに教師の労働問題にも積極的に関わる役割を持たせるなら、独立性が維持できる制度設計が必要だろう。また、スクールロイヤーにふさわしい人材を養成するためにも、弁護士が一定期間学校現場で研修を受ける制度も必要だろう。

いずれにしても、子どもたちの目線から教育問題に関わることができるスクールロイヤーになれるかどうかは、制度設計の議論次第なのだ。本書を読み終えられた読者の方々も、ぜひどのような制度なら子どもの最善の利益のためのスクールロイヤーが機能するのか、議論していただければ本望である。

本書の執筆に際しては、編集者である堀由紀子さんに本当にお世話になった。堀さんには、私の身辺の変化により企画が一旦白紙になってしまった時も心から相談に乗っていただき、再企画にも尽力してくださった上、執筆中はいつも温かい励ましと助言で私を支えていただいた。この場を借りて、心より御礼を申し上げたい。

また、本書は弁護士と教師を兼ねるスクールロイヤーの立場から教育問題を検討した成果でもある。弁護士としては同じ法律事務所の同僚であり、30年近くの教師経験を持つ教師として大先輩でもある原口暁美《はらぐちさとみ》弁護士にいつも支えてもらって、今日まで日本で唯一の教育法専門の法律事務所を経営することができた。

勤務する学校の先生方にもいつも教師として大切な、たくさんのことを教わり、同僚として未熟な私を支えていただいている。そして、何よりも新型コロナウイルスの影響下で、教師としても初めて教室での卒業式を一緒に迎え、アットホームな思い出深い式にしてくれた担任するクラスの生徒の皆さん。私に教師の仕事の素晴らしさを教えてくれた卒業生の皆さん。皆さんの存在こそが、一度は執筆をあきらめようとした精神的にも辛い日々の中で、私に活力を与えてくれた。心から感謝の気持ちを記し、書き終えたいと思う。

２０２０年８月

新型コロナウイルスと戦う社会の中で、

元気に登校する高校生とともに迎えた一学期終業式の日に

参考文献

青木栄一・川上泰彦『教育の行政・政治・経営』(放送大学教材) 2019年
インハウスローヤーズネットワーク編『インハウスローヤーの時代』(日本評論社) 2004年
内田良・上地香杜・加藤一晃・野村駿・太田知彩『調査報告 学校の部活動と働き方改革――教師の意識と実態から考える(岩波ブックレット)』(岩波書店) 2018年
小野田正利『「迷惑施設」としての学校』(時事通信社) 2017年
神林寿幸『公立小・中学校教員の業務負担』(大学教育出版) 2017年
黒川直秀「『チームとしての学校』をめぐる議論」『調査と情報』947号、1-13頁、2017年
村上祐介・藤井基貴・樋口修資・島田陽一・佐久間亜紀「教員の働き方改革と教職の専門職性」日本教育学会『教育学研究』87巻1号、64-90頁、2020年
坂田仰『学校・法・社会――教育問題の法的検討』(学事出版) 2002年
坂田仰『裁判例で学ぶ学校のリスクマネジメントハンドブック』(時事通信社) 2018年
坂田仰『学校と法〔三訂版〕「権利」と「公共性」の衝突』(放送大学教材) 2020年
坂田仰編『補訂版 いじめ防止対策推進法 全条文と解説』(学事出版) 2018年
坂田仰「教員の専門性と働き方改革の間にあるジレンマ」日本スクール・コンプライアンス学会第

10回大会公開シンポジウム資料、2020年

佐久間亜紀「教職とはどんな職業か —データに基づいた教師教育改革のために—」『BERD』No.10、8－13頁、2007年

神内聡『スクールロイヤー　学校現場の事例で学ぶ教育紛争実務Q&A170』(日本加除出版) 2018年

神内聡『第2版　学校内弁護士』(日本加除出版) 2019年

神内聡「スクールロイヤーの実態と全国的配置に関する問題点」『スクール・コンプライアンス研究』8号、73－84頁、2020年

ストップいじめ！ナビ スクールロイヤーチーム編『スクールロイヤーにできること』(日本評論社) 2019年

西川純『2030年 教師の仕事はこう変わる！』(学陽書房) 2018年

橋野晶寛『現代の教育費をめぐる政治と政策』(大学教育出版) 2017年

山口卓男編著『新しい学校法務の実践と理論』(日本加除出版) 2014年

神内　聡（じんない・あきら）
1978年、香川県生まれ。弁護士、兵庫教育大学大学院准教授。東京大学法学部政治コース卒業。東京大学大学院教育学研究科、筑波大学大学院ビジネス科学研究科修了。専修教員免許を保有し、日本で初めての弁護士資格を持つ社会科教師として中高一貫校で勤務する一方、弁護士として各地の学校のスクールロイヤーを担当している。現在は教職大学院でも勤務し、学校経営論などの研究も行っている。2018年にはスクールロイヤーのテレビドラマの考証を担当した。著書に『スクールロイヤー――学校現場の事例で学ぶ教育紛争実務Q＆A170』（日本加除出版）など。

学校《がっこう》弁護士《べんごし》
スクールロイヤーが見《み》た教育現場《きょういくげんば》
神内《じんない》　聡《あきら》

2020年10月10日　初版発行
2024年10月20日　6版発行

◆◇◇

発行者　山下直久
発　行　株式会社KADOKAWA
〒102-8177　東京都千代田区富士見2-13-3
電話　0570-002-301（ナビダイヤル）
装丁者　緒方修一（ラーフイン・ワークショップ）
ロゴデザイン　good design company
オビデザイン　Zapp!　白金正之
印刷所　株式会社KADOKAWA
製本所　株式会社KADOKAWA

角川新書

ISBN978-4-04-082317-1 C0237

KADOKAWAの新書 好評既刊

13億人のトイレ
下から見た経済大国インド

佐藤大介

インドはトイレなき経済大国だった!? 携帯電話の契約件数は11億以上。トイレのない生活を送っている人は、約6億人。経済データという「上から」ではなく、トイレ事情という「下から」海外特派員が迫る。トイレから国家を斬るルポルタージュ!

反日 vs.反韓
対立激化の深層

黒田勝弘

2019年夏、日本は史上初めて韓国に対し「制裁」という外交カードを切った。その後に起きた対立は、かの国を熟知する在韓40年の著者にとっても、類例を見ない激しいものとなった。その背景を読み解き、密になりがちな両国の適度な距離感を探る。

パワースピーチ入門

橋爪大三郎

新型コロナウィルス危機下、あらためて問われた「リーダーの指導力」。人びとを鼓舞する良いスピーチ、落胆させる駄目なスピーチの違いとは? 当代随一の社会学者が、世界と日本の事例を読み解き明らかにする、人の心を動かし導く言葉の技法。

帝国軍人
公文書、私文書、オーラルヒストリーからみる

戸髙一成
大木 毅

大日本帝国陸海軍の将校・下士官兵は戦後に何を語り残したのか? 陸海軍の秘話が明かされる。そして、日本軍の文書改竄問題から、証言者なき時代にどう史資料と向き合うかに至るまで、直に証言を聞いてきた二人が語りつくす!!

昭和史七つの謎と七大事件
戦争、軍隊、官僚、そして日本人

保阪正康

昭和は、人類史の縮図である。戦争、敗戦、占領、独立。そして指導者、官僚、メディアの腐敗!! 五・一五に二・二六事件、太平洋戦争、60年安保闘争など、昭和史研究の第一人者が、歴史の転機となった戦争と事件を解き明かす!!

KADOKAWAの新書 好評既刊

毒
サリン、VX、生物兵器

アンソニー・トゥー

今の日本では、生物兵器に耐えられない——。毒性学の世界的権威が明かす「最も恐れられる兵器」の実態。そして、今後の日本が取るべき方針とは、一体どのようなものなのか？緊急寄稿「新型コロナウイルスの病原はどこか」も収録！

人が集まる街、逃げる街

牧野知弘

タワマン群が災害時の脆弱性を露呈し、新型コロナ禍では、通勤の概念が崩れ価値が低下した「都心」。一方、「郊外」は新しい試みで人気を高めている。不動産分析の第一人者が人々を惹きつける街の魅力、その要因を解き明かす！

吉本興業史

竹中　功

〝闇営業問題〟が世間を騒がせ、「吉本興業vs芸人」の事態に発展した令和元年。〝芸人ファースト〟を標榜する〝ファミリー〟の崩壊はいつ始まったのか？　元〝伝説の広報〟が、芸人の秘蔵エピソードを交えながら組織を徹底的に解剖する。

知らないと恥をかく世界の大問題11
グローバリズムのその先

池上　彰

突然世界を襲った新型コロナウイルス。コロナ危機対策の行方、そして大転換期の裏で進むものは？　アメリカ大統領選挙が行われる2020年。独断か？　協調か？　リーダーの決断を問う。人気新書・最新第11弾。

国旗・国歌・国民
スタジアムの熱狂と沈黙

弓狩匡純

国家のアイデンティティを誇示するシンボルマーク「国旗」とテーマソング「国歌」。そして人類の肉体的・精神的な高みを謳歌するスポーツ。日本で唯一の「国歌」研究者が、豊富な事例を繙きつつ、両者の愛憎の歴史に迫る。

KADOKAWAの新書 好評既刊

海洋プラスチック
永遠のごみの行方

保坂直紀

プラスチックごみによる汚染や生き物の被害が世界中で報告されるなか、日本でも2020年7月からレジ袋が有料化される。それはどのくらい意味があるのか。問題を追うサイエンスライターが、現状と納得感のある向き合い方を提示する。

ハーフの子供たち

本橋信宏

日本人男性とフィリピン人女性とのあいだに生まれたハーフの子供たちの多様な生き方をたどる！　6人の男女へのインタビューを通じて、現在の日本社会での彼らの活躍と、国際結婚の内情、新しい家族の肖像までを描き出す出色ルポ。

キリシタン教会と本能寺の変

浅見雅一

キリシタン史研究の第一人者が、イエズス会所蔵のフロイス直筆原典にあたることで見えてきた、史料の本当の執筆者、そして光秀の意外な素顔に迫る。初の手書き原典から訳した「一五八二年の日本年報の補遺（改題：信長の死について）」全収録！

宗教改革者
教養講座「日蓮とルター」

佐藤　優

日蓮とルター。東西の宗教改革の重要人物にして、誕生した当初から力を持ち、未だ受容されている思想書を著した者たち。なぜ彼らの思想は古典になり、影響を与え続けているのか？その力の源泉を解き明かす。佐藤優にしかできない宗教講義!!

新宿二丁目
生と性が交錯する街

長谷川晶一

「私が死んだら、この街に骨を撒いて」——。欲望渦巻く街、新宿二丁目。変わり続けるこの街とともに人生を歩んできた6人の物語。変化を続けるなかで今、この街と人が語りえるものとは何か。気鋭のノンフィクション作家による渾身作。

KADOKAWAの新書 好評既刊

地名崩壊
今尾恵介

「ブランド地名」の拡大、「忌避される地名」の消滅、市町村合併での「ひらがな」化、「カタカナ地名」の急増。安易な地名変更で土地の歴史的重層性が失われている。地名の成立と変貌を追い、あるべき姿を考える。

理学博士の本棚
鎌田浩毅

テレビや雑誌等で活躍する京大人気No・1教授が、青春時代に感銘を受けた意外な中古典の名著12作品を紹介。あらすじ、著者紹介、本文ピックアップ、そして「鎌田の解読」でその本をどう読み、科学者としての視座を作ってきたかを語る！

ぼくたちの離婚
稲田豊史

いま、日本は3組に1組が離婚する時代と言われる。離婚経験のある〝男性〟にのみ、その経緯や顛末を聞く、今までになかったルポルタージュ。〝人間の全部〟が露わになる、すべての離婚者に贈る「ぼくたちの物語」。

豊臣家臣団の系図
菊地浩之

豊臣の家臣団を「武断派・文治派」の視点で考察。「武断派」は「小六《ころく》・二兵衛《にへえ》・七本槍」の3世代別に解説する。本流「文治派」についても詳説し、知られざる豊臣家臣団の実態に迫る。家系図を多数掲載。

ネットは社会を分断しない
田中辰雄
浜屋　敏

多くの罵詈雑言が飛び交い、生産的な議論を行うことは不可能に見えるインターネット。しかし、10万人規模の実証調査で判明したのは、世間の印象とは全く異なる結果であった。計量分析で迫る、インターネットと現代社会の実態。

KADOKAWAの新書 好評既刊

実録・天皇記
大宅壮一

日本という国にとって、天皇および天皇制とはいかなるものなのか。戦後、評論界の鬼才とうたわれた大宅壮一が、『血と権力』という人類必然の構図から、膨大な資料をもとにその歴史と構造をルポルタージュする、唯一無二の天皇論！

現場のドラッカー
國貞克則

売上至上主義を掲げて20年間赤字に陥っていた会社が、ドラッカー経営学の実践と共にV字回復し、社員の士気も高まった。その事例をもとに、ドラッカー経営学の極意を説く。ドラッカーより直接教えを受けた著者がわかりやすく解説。

ウソつきの構造
法と道徳のあいだ
中島義道

これほどのウソがまかり通っているのに、なぜわれわれは子どもに「ウソをついてはならない」と教え続けるのか。この矛盾こそ、哲学者が引き受けるべき問題なのだ。哲学者の使命としてこの問題に取り組む。

死にたくない
一億総終活時代の人生観
蛭子能収

「現代の自由人」こと蛭子能収さん（71歳）は終活とどう向き合っているのか。自身の「総決算」として、これまで真面目に考えてこなかった「老い」「家族」「死」の問題について、今、正面から取り掛かる！

ラグビー知的観戦のすすめ
廣瀬俊朗

「ルールが複雑」というイメージの根強いラグビー。試合観戦の際、勝負のポイントを見極めるにはどうすればよいのか。ポジションの特徴や、競技に通底する道徳や歴史とは？　ラグビーのゲームをとことん楽しむために元日本代表主将が説く、観戦術の決定版！